Wir wilden weisen Frauen

Renate Daimler

Wir wilden weisen Frauen

Von der Kunst des Älterwerdens

Kösel

Verlagsgruppe Random House FSC® N001967
Das für dieses Buch verwendete FSC®-zertifizierte Papier *Munken Premium Cream* liefert Arctic Paper Munkedals AB, Schweden.

Copyright © 2014 Kösel-Verlag, München,
in der Verlagsgruppe Random House GmbH
Umschlag: Weiss Werkstatt München
Umschlagmotiv: © shutterstock/DeCe
Druck und Bindung: GGP Media GmbH, Pößneck
Printed in Germany
ISBN 978-3-466-34600-4

www.koesel.de

Inhalt

Vorwort

Wer kann uns sagen, wie wir wild und weise leben können, wenn wir älter werden? Wild, im Sinne unserer Urnatur, so, wie wir gedacht waren, bevor ein langer Erziehungsprozess uns fast hat vergessen lassen, wer wir in unserem wahren Wesen sind. Dieses Forschungsprojekt bleibt uns selbst überlassen, weil es wenige Vorbilder gibt für die Kunst des Älterwerdens. Unsere Mütter hatten ganz andere Sorgen als wir. Sie mussten ihre Gefühle auf kleiner Flamme halten, damit das Grauen des Krieges ihr Inneres nicht zerstört. Sie mussten aufbauen, sich Sorgen um den Wohlstand machen und sich ihren Männern – auch per Gesetz – fügen. Für sie war die Sicht der Gesellschaft normal: dass Männer im Alter reifen und Frauen verblühen.

Deshalb können uns die meisten unserer Mütter auch nicht Vorbild sein, wenn wir uns jetzt von den alten Bildern verabschieden. Es liegt an uns, das Privileg, ältere Frauen zu sein, zu entdecken und uns von den Hindernissen auf dem Weg dorthin zu befreien.

Mit unserem Körper, von dem »die Gesellschaft«, die wir alle sind, erwartet, dass er so tut, als ob er immer jung bliebe.

Mit unserem Geist, der eine breite Spur in unser Gehirn gegraben hat, die uns glauben macht, dass Altwerden mit Abstieg verbunden ist, mit Einschränkung und dem Verlust von vielem, was uns wichtig ist.

Die Einzige, die sich noch an unsere wahre Bestimmung erinnert, ist unsere Seele. Sie spricht durch unseren sensiblen Körper und unser sicheres »Bauchgefühl«, das uns seit Jahrtausenden begleitet und auf das wir wieder mehr hören sollten. Und so wird es Zeit, dass wir uns miteinander vernetzen, dass wir uns gegenseitig stärken, das zu leben, was uns wirklich ausmacht: Unser schöpferisches Potenzial ist darauf ausgerichtet, unser Leben als wilde, weise Frauen uneingeschränkt zu genießen. So wie in der Natur Frühling, Sommer, Herbst und Winter einander gleichgestellt sind, so sind es auch unsere eigenen Jahreszeiten im natürlichen Kreislauf unseres Lebens.

In diesem Buch beschreibe ich meinen eigenen Weg und den anderer Frauen, die mir begegnet sind. Gleichzeitig können diese Geschichten aber nicht Vorbild sein für andere Frauen. Denn jede von uns ist aufgerufen, ihr eigenes Bild zu malen, ihre ureigenste Kunst des Älterwerdens zu entdecken. Genau so zu leben, wie die Blüte dieser ganz besonderen Jahre sich zeigen will. Im Tun, im Sein, im Wirken nach Innen und nach Außen.

»Beautiful Old Women« ist dabei mein zentraler Begriff. In der ursprünglichen Bedeutung: Wir sind »schöne alte Frauen«, weil das Wort schön nicht der Jugend vorbehalten ist, sondern uns allen gehört. Wir haben das Recht, uns so zu sehen und so zu fühlen. Königinnen im eigenen Land zu sein. Und niemand außer wir selbst kann wissen, wie dieses Land aussieht.

Better aging

»Better aging« – so heißt das Angebot eines exklusiven Gesundheitszentrums. Die Besitzer können nichts dafür, dass das Wort »alt« so einen schlechten Geschmack im Mund erzeugt. Und für Revolutionen sind sie nicht zuständig, das Gesundheitszentrum muss seine Produkte gut verkaufen. In meiner ersten Ehe habe ich mit meinem Mann immer auf Englisch gestritten, als ob ich den Streit aus unserem deutschsprachigen Leben auslagern wollte. Und mit dem Wort »alt« ist es genauso. Wir übersetzen es ins Englische und schaffen so Distanz. Die Aufgabe, einen Begriff, der gut für Kunstwerke und Wein, aber nicht für Menschen ist, von seiner abwertenden Deutung zu befreien, ist auch mir zu groß. Also dann – »better aging«.

Das fühlt sich zunächst gut an – bis ich die beiden Worte aus der Nähe betrachte.

Ich darf also nur auf englisch altern, und frage mich, was jene tun, die nie Englisch gelernt haben. Aber die haben wahrscheinlich ohnehin andere Sorgen, als ihren Körper fit zu halten.

Und – wenn ich *besser* altern soll, heißt das ja auch, dass ich es bisher schlecht gemacht habe. Nachdem ich mich der Illusion, dass ich für den Rest meines Lebens jeden Bissen vierzig Mal kauen und kaum mehr Fett essen werde, nicht mehr hingebe, werde ich leider wieder »schlechter« altern.

Ich habe dennoch gebucht in dem Gesundheitszentrum und mir diese Auszeit geschenkt, um mich meinem persönlichen »better aging« zu nähern. Ich nahm mir vor, weniger kritisch zu sein und mir diese Woche für Körper und Seele zu gönnen.

Meine Mutter ist schon lange davon befreit, sich um ihren Körper zu kümmern. Denn das tut seit Jahren ihre hingebungsvolle Betreuerin. Sie ist inzwischen neunzig, hat schon vor langer Zeit vergessen, wer ich bin, und ich habe aufgehört, darum zu betteln, dass sie mich erkennt.

Dafür lehrt sie mich vieles. Mit ihr erlebe ich, was es bedeutet, im Augenblick zu leben. Und wenn sie, weit weg in ihren eigenen Welten, stundenlang am Seeufer sitzt und stumm in die Wolken schaut, dann wird es auch in mir ganz ruhig. Sie lebt schon lange in einer stillen Seinsqualität, in der Glück und Unglück keine hohen Wellen mehr schlagen.

Inzwischen liegt sie nur noch in ihrem Bett, das sie seit Monaten nicht mehr verlässt, ein mageres Häufchen Frau, mühsam mit kleinen Bissen ernährt, für die sie immer unwilliger den Mund öffnet. Ich halte ihre Hand und weiß plötzlich, dass ich nicht weiterfahren darf in mein Gesundheitszentrum. Meine Reise endet hier, bei ihr, eine Stunde entfernt von meinem Ziel.

Ich sitze an Mamas Bett und bin dankbar, dass »better aging« jetzt bedeutet, dass ich ihre Hand halten darf, während sie langsam auf das große, goldene Tor zugeht, durch das wir alle gehen.

Sie ist eine Frau, die nie Zeit hatte, sich Gedanken um ihren Körper und ihre Gesundheit zu machen. Das Essen war karg im Krieg, und niemand zählte Kalorien und kämpfte gegen Fettpölsterchen.

Sie gehört einer Generation an, die die dunklen Wolken, die auf der Seele lagen, mit Arbeit verscheuchte.

Kinder starben, Beziehungen zerbrachen und wurden irgendwie gekittet, der Preis der Sprachlosigkeit wurde als Teil des Lebens akzeptiert.

Und was von ihrem Erbe werde ich mitnehmen? Es ist zu früh, darüber nachzudenken, jetzt geht es nur um sie. Berühren, küssen, reden, auch wenn sie nicht antwortet. Ein letztes Mal, bevor sie endgültig geht und ich dann die Nächste bin, die vor dem Tor steht. Wann immer das sein wird.

Ein paar Tage später stehe ich an ihrem Sarg und verspreche ihr, dass es gut mit mir weitergehen wird. Dass ich vieles von dem, was sie ausgezeichnet hat, auf meiner eigenen Reise zum goldenen Tor mitnehme: ihren Mut, ihre Fröhlichkeit (auch wenn sie dahinter traurig war), ihre Liebe zur Natur, ihre Güte, ihren Optimismus, ihr Durchhaltevermögen, ihre Schönheit.

Zehn Tage danach fällt eine Betonplatte, die nach dem Umbau unseres Hauses liegen geblieben ist, auf mein Schienbein und schlägt mir eine tiefe Wunde. Es blutet filmreich und tut kaum weh. Wochenlang Stille und sitzen auf dem Sofa, damit der Heilungsprozess schneller geht. Ein köstliches, unbekanntes, neues Gefühl entfaltet sich in mir: Ich genieße es, langsam sein zu dürfen. Dieses Stoppzeichen auf meinem Bein, das als Narbe für immer bleiben wird, hat sich meine Mutter für mich ausgedacht. Ich höre ihre Stimme: »Nimm meine Rastlosigkeit nicht mit. Ich bin meinem Schmerz davongelaufen, für mich war das gut so. Du darfst wählen.«

Und so sitze ich auf meinem weißen Sofa und lege alle ihre Eigenschaften vor mich hin. Über vieles bin ich froh und lasse manches zurück. So trete ich dein Erbe an, du Frau vor mir. Viel später, aber das weiß ich in diesem Augenblick noch nicht, werde ich einen Fersensporn als nächste Erinnerung brauchen, dass ich nicht immer so schnell rennen soll. So tief sind die Spuren in mein Gehirn eingegraben. Und was ist mit der Frau vor ihr? Meiner Großmutter? Wie hat sie gelebt?

Sie war eine Heilkundige, sprachbegabt, literarisch begabt. In aller Stille. Sie blieb immer nur »die Frau des Lehrers« und Mutter von sechs Kindern, von denen zwei nicht ihre eigenen waren.

Auch ihr Erbe trage ich in mir, und erst ich gehöre zu der Generation, die eine Chance hat, die Fülle dessen, was ihr als Begabungen anvertraut wurde, zu leben – mir und diesen beiden Frauen zu Ehren. Und all jenen, die davor waren und deren Spur sich in den Fotoalben verloren hat.

Sechs Wochen später:

Meine Mutter beim Sterben begleitet und beerdigt, das Bein verheilt, der zweite Anlauf meines Projekts »better aging« beginnt pünktlich um elf Uhr in der Halle des Hotels.

Die ersten Minuten erlebe ich fast so, wie die Literatur sie uns immer wieder beschreibt. Nichts als eine uninteressante Gruppe älterer Menschen, zu der ich nun auch gehöre. Wir haben uns hier zusammengefunden, um uns Anweisungen für ein darmschonendes Leben abzuholen. Meine Irritation dauert nur kurz. Dann öffne ich meine Augen für die Schönheit und finde sie. Ich sehe Frauen meines Alters, die ihrer Persönlichkeit Ausdruck in ihrer Kleidung geben, mutige und weniger mutige Haltungen, Gesichter, in denen die Zuversicht oder das Verzagen Spuren hinterlassen hat.

Ich kann meine eigene Schönheit wieder spüren und freue mich auf meine ärztliche Untersuchung am nächsten Vormittag. Ich bin gesund und attraktiv – bis ich meiner Kurärztin begegne.

Sie hält mir liebevoll und gleichzeitig streng einen Vortrag über meinen Darm, und schon werde ich zur nachlässigen Sünderin, die sich daran gewöhnen soll, für den Rest des Lebens am frühen Abend eine basische Suppe zu essen. Zu viel, zu schwer, zu schnell, zu spät. So esse ich. Mein mediterraner Lebensstil, durchsetzt mit Backhendlsalat in der Hafenschenke mit Blick aufs Wasser, ist ganz und gar ungesund. Bedrückt von so viel Unzulänglichkeit, besuche ich die morgendliche Turnstunde, obwohl ich Gymnastik hasse. Denn mein Turnsaal ist die Natur, dort bewege ich mich gern und viel.

Das Urteil der Kurärztin bringt die schöne Frau zum Verschwinden, und ich merke, wie empfindlich sie ist. Wie anfällig für Kritik und wie zart ihr Selbstverständnis. Es dauert zwei Tage, bis ich mich nicht mehr auf meinen unzulänglichen Darm (der schulmedizinisch gesund ist) reduziere.

Dann taucht die schöne Frau wieder auf, genießt den Luxus der Rundumversorgung und schaut sich nach Verbündeten um.

Sie fallen mir zu, weil es keinen Zufall gibt, jede Einzelne attraktiv, auf sehr unterschiedliche Art und Weise. Marcella, mit der ich am Tisch sitze, mit ihrem ebenholzschwarzen, gefärbten Haar, die wie Schneewittchen aussieht und sich romantisch in duftige Kleider mit Spitzen am Saum und am Ärmel kleidet. Katharina, der ich in der Sauna begegne und die, gemeinsam mit ihrem Mann, das Restaurant durchquert wie eine Königin. Sie könnte in jeder Modezeitschrift für die elegante Dame Werbung machen und trägt ihr schlohweißes, kurzes Haar mit Grazie. Und schließlich Hedwig, der Wirbelwind. Sie ist mir schon am ersten Tag in der Lobby beim Wellcomedrink aufgefallen. Frech, pfiffig, im Gipsylook, mit kurzen, edlen Jäckchen, Longshirts und engen Hosen. Ihr Haar ist gelockt, halblang und vielleicht Natur oder auch nicht.

Aber sehen sie sich auch so, wie ich sie sehe? Als schöne Frauen ihres Alters, denen die Spuren des Lebens gut zu Gesicht stehen? Mögen sie sich genauso, wie sie sind, und kennen sie ihren Weg? Ich frage nach.

Marcella, 60

Wir sitzen einander gegenüber und kauen uns an. Im wahrsten Sinn des Wortes. Wie Kühe auf der Weide. Marcella kann es schon, ich lerne es gerade. Von ihr. Einfach weil ich versuche, meine Kursemmel so lange im Mund zu behalten wie sie. Wir reden nicht viel, weil Reden vom Kauen ablenkt und eigentlich nicht erwünscht ist während des Essens. Aber mit den Tagen kommt Vertrautheit auf. Der Moment, in dem ich sie frage, wie alt sie ist, öffnet die Türe in ein Leben, das ihren verzagten Blick erklärt, wenn sie nicht lächelt, weil ich sie anspreche.

»Wie schön, du gehst durch das Tor zur weisen Frau«, sage ich begeistert, als sie mir antwortet, dass sie nächste Woche sechzig wird. Sie schweigt einen Moment, und ich sehe in ihrem schönen Gesicht mit den Kummerlinien, dass sie sich das Bild vorstellt. Nach einer langen Weile beginnt sie zu erzählen.

»Das Tor klemmt, und ich weiß nicht einmal, in welche Richtung es sich öffnet. Ich bin orientierungslos. Ich habe gar nicht gemerkt, dass ich älter werde, und ich merke es noch immer nicht wirklich. Zum ersten Mal ist es mir aufgefallen, als die Schwiegereltern meiner Tochter zu Besuch kamen. ›Was wollen die alten Leutchen denn machen‹, habe ich Luisa gefragt. Sie sah mich ganz verblüfft an und antwortete: ›Mama, die sind nur zehn Jahre älter als du.‹ Aber ich kann es mir trotzdem nicht vorstellen, siebzig zu sein.

Meine Mutter ist vierundachtzig, sie kam vor drei Wochen aus Indien zurück. Als mein Vater starb, hat sie ihr Leben noch einmal richtig in die Hand genommen. Toll eigentlich. Sie fand den ersten Job ihres Lebens und arbeitete als Pfarrersköchin. Vorher war sie ihr ganzes Leben Mutter und Hausfrau. Sie war immer zu Hause, wenn ich heimkam, und ich wäre so gern ein Schlüsselkind gewesen, aber ich habe nie einen Schlüssel bekommen. Als sie in die Rente ging, zog sie aufs Land, einfach so, weil sie es wollte. Wie kann man, wenn man an die Stadt gewöhnt ist, in ein kleines Kaff ziehen? Aber sie ist glücklich dort. Sie hatte auch nach Vaters Tod wieder neue Männer. Einer ihrer Liebhaber war sogar viel jünger als sie.

Bei mir ist gar nichts mehr los. Ich lebe mit meinem Partner wie Bruder und Schwester. Als wir einander kennengelernt haben vor acht Jahren, habe ich mich richtig verliebt in ihn. Obwohl er vierzig Kilo Übergewicht hat. Ich dachte, das ist vorübergehend. Er hat mir viele Male versprochen abzunehmen. Ich habe sogar mit ihm gemeinsam eine Kur gemacht, aber es war hoffnungslos. Ich finde meinen Körper auch nicht schön, habe ihn nie schön gefunden. Aber ich kümmere mich um ihn und sorge dafür, dass ich nicht übergewichtig werde. Jahrelang habe ich mich auch für Ulrichs Gesundheit zuständig gefühlt. Aber dann habe ich es aufgegeben, und eines Tages hat mir einfach gegraust vor ihm. Seither schlafe ich nicht mehr mit ihm.

 Warum ich noch immer mit ihm zusammen bin? Vielleicht weil ich es mir nicht vorstellen kann, dass ich plötzlich jedes Wochenende allein bin.

Wenn ich arbeite – ich bin Architektin –, dann fühle ich mich nicht einsam. Aber was fange ich mit meiner Freizeit an? Meine große Liebe ist schon tot. Arthur war ein wunderbarer Ehemann und ein wunderbarer Vater. Ich hätte mir mehr vertrauen sollen. Als ich ihn zum ersten Mal auf der Straße sah, habe ich mir gedacht, dass er schwul ist. Wir arbeiteten im selben Architekturbüro, und so kam es dann, dass wir uns ineinander verliebt haben. Er hat mich auch geliebt. Aber irgendwann hat er seine Neigung entdeckt oder endlich zugelassen, und dann war es vorbei. Nicht gleich. Wir haben am Anfang noch weiter als Familie mit unseren drei Kindern in einer Wohnung zusammengelebt.

Als er eines Tages aus einem Urlaub mit seinem Freund zurückkam, war Ulrich da. Wir haben zu dritt den Abend verbracht, und Arthur sagte, als Ulrich weg war: ›Den musst du behalten, der ist so anders als ich. Er wird dir gut tun.‹

Wir sind jetzt acht Jahre zusammen, und ich finde noch immer, dass er unerträglich anders ist. Aber zur Trennung habe ich einfach den Mut noch nicht. Dabei bin ich finanziell unabhängig und könnte mir meinen alten Traum erfüllen. Ich möchte gerne eine Frühstückspension in Südfrankreich aufmachen. Das ist es, wofür mein Herz wirklich brennt.

Du fragst, wie lange ich noch warten will? Was ich dazu brauche, ist Mut. In zehn Jahren bin ich siebzig, dann ist es vielleicht zu spät für einen Neuanfang. Und eigentlich kenne ich meinen Weg durch das Tor zur weisen Frau. Es ist höchste Zeit, dass ich etwas dafür tue, dass es nicht mehr klemmt.«

Sie richtet sich auf, und der verzagte Blick ist aus ihren Augen verschwunden. Dann legt sie entschlossen den Löffel zur Seite und kaut das letzte Stück Semmel höchstens fünf Mal, bevor sie weiterspricht.

»Was muss ich tun, damit ich deinem Club der Beautiful Old Women beitreten darf, von dem du mir gestern erzählt hast?« Ihre Stimme klingt klar und entschlossen.

Ich bleibe ganz ernst und erfinde in dieser Sekunde die Statuten:

Du verpflichtest dich, die Beautiful Old Woman in dir selber zu fördern.

Du engagierst dich dafür, andere Frauen so zu sehen.

Du trägst diesen Gedanken in die Welt hinaus und erzählst möglichst vielen Frauen davon.

PS: Marcella befindet sich, während ich die letzten Korrekturen in meinem Manuskript mache, mit ihrem Partner auf einer fünfwöchigen Reise durch Indien. »Mein erster großer Schritt ist jetzt, dass ich in dieser Zeit herausfinden will, ob mich mit Ulrich noch mehr verbindet als unsere Bequemlichkeit. Ich will endlich nach vorne schauen und Klarheit über meine Beziehung schaffen. Alles andere ergibt sich dann …«

Katharina, 68

Ich hätte nie gewagt, sie anzusprechen, obwohl ich sie sehr attraktiv finde. Sie kommt mit ihrem Mann jeden Tag zur selben Zeit zum Abendessen und lässt sich hoheitsvoll nieder, nachdem er ihr galant den Sessel zurückgezogen hat. Das schlohweiße, kurze Haar perfekt geföhnt, die Kleidung elegant und edel. Es brauchte eine Begegnung an einem Ort, an dem auch ich die von mir gesetzten Grenzen verlassen konnte.

Sie ist es, die mich in der Sauna anspricht: »Ich habe mich bisher nicht getraut, aber darf ich Sie fragen, ob Sie die Autorin sind?«

Katharina ist nicht distanziert, sondern sehr herzlich, und als wir uns am Abend bei Kräutertee gegenübersitzen, ist sie so ehrlich, wie man sein kann, wenn man in einer kleinen Stadt lebt, in der alles bewertet und beobachtet wird, was man tut.

»Nicht jeder Tag ist gleich. An manchen Tagen fühle ich mich alt und an manchen Tagen attraktiv. Dann schaue ich in den Spiegel und sage zu mir: Es ist gar nicht so schlimm, es geht schon. Vor allem, wenn ich innerlich gut drauf bin, dann passt alles.

Heute stehe ich zu meinen weißen Haaren, das war nicht immer so. Speziell, wenn ich meine Freundinnen mit den gefärbten Haaren sah, dann hatte ich immer das Gefühl – die sehen viel jünger aus als ich … Mein Mann hat mich sehr darin bestärkt, meine Haare natürlich zu lassen, und ich bin ihm gefolgt. Ihm gefalle ich so besser. Aber heute würde ich das vielleicht anders machen. Es war ein langer Gewöhnungsprozess.

 *Ich hatte kein Vorbild. Meine Mama war schon alt, als ich zur Welt kam, sie war achtunddreißig.*

Das war damals sehr alt! Die anderen Kinder hatten alle junge Mütter, ich habe sie beneidet. Damals, vor sechzig Jahren, da waren die Frauen ja ganz anders gekleidet, mit über vierzig schon sehr ›omalig‹. Grau in Grau und eine Mantelschürze darüber. Sie war immer ein ›Mamele‹ und starb mit neunundachtzig. In ihren letzten Jahren hat sie sich jugendlicher angezogen als früher.

Ich lebe in einer Kleinstadt, da sind dem sowieso Grenzen gesetzt, wie man sich als ältere Frau bewegt. Jeder kennt jeden, und alles wird kommentiert. In einer Großstadt lebt man einfach ungenierter. Ich war einmal in London, da ging eine Frau mit Lockenwicklern auf der Straße, und unter ihrem Mantel sah das Nachthemd heraus. Niemand hat sich nach ihr umgedreht.

Mir geht es gut. Ich bin gesund, tu ziemlich viel für mich und habe auch die finanziellen Möglichkeiten dazu. Einmal habe ich versucht, Botox zu spritzen. Ich wollte es einfach ausprobieren und sehen, ob es etwas nützt. Es hilft. Aber man müsste es ständig machen. Und das will ich nicht.

Es wäre schön, wenn die Zeit stehen bliebe, und es könnte die nächsten zehn Jahre alles so bleiben, wie es ist.

Es hat sich ja auch schon einiges geändert, wie ältere Frauen gesehen werden. Es gibt ja sogar schon Werbung mit Frauen in meinem Alter. Aber sind wir mal ehrlich: Schauen Sie sich gern eine Alte als Model an? Ich nicht.

Mein Alter hat natürlich auch Vorteile. Ich stehe viel mehr zu mir. Ich sage viel deutlicher Nein, wenn ich etwas nicht will.

Heute sage ich einfach: ›Ich habe keine Lust dazu.‹ Früher habe ich das immer umschrieben.

Ich war nie ein abenteuerlustiger Typ, ich habe es lieber geordnet. Gut bürgerlich, nicht ausgrasend, aber das tut man in meinem Alter sowieso nicht mehr. Ich bin zufrieden. Aber da geht es mir wie mit meiner Schönheit. Manchmal denke ich mir, es könnte noch mehr passieren in meinem Leben. Doch im Großen und Ganzen bin ich einverstanden.

Nur: Wenn ich denke, dass der Meterstab immer kürzer wird, dann finde ich das Altwerden nicht so schön.

Ob ich zum Club der Beautiful Old Women gehören möchte? Ich habe mich noch nie so gesehen. Aber vielleicht ist es eine gute Idee, wenn ich damit anfange, mich selber schön zu finden.«

Einige Monate später sagt Katharina am Telefon: »Dein Text gefällt mir.« Und als ich antworte: »Ja, und vieles ist ungesagt geblieben«, lacht sie und antwortet: »In einer Kleinstadt ist das eben so …«

Hedwig, 67

Jedes Mal, wenn sie im Speisesaal an meinem Tisch vorübergeht mit ihrem schönen grauhaarigen Mann, dann lächeln wir einander zu, und ich bewundere ihre pfiffigen Kreationen. Elegant, witzig, frech, ungewöhnlich. Unsere Augen begegnen sich, und fast unmerklich nicken wir einander zu. Tiere vom selben Stamm. Rebellinnen gegen die »cremefarbene Komfortzone«, wie sie es lachend nennt, als wir uns morgens an der Trinkbar begegnen, um das obligate Abführ- und Basenpulver abzuholen. Am dritten Tag, wir sind am Abend in der Hotelbar verabredet, in der es nur gesunde Säfte gibt, braucht diese Frau keine Aufwärmzeit. Sie erzählt einfach drauflos und senkt dabei nicht einmal die Stimme, obwohl die Tische hinter uns mit Kurgästen besetzt sind.

»In drei Jahren bin ich siebzig, und das sage ich immer mit Vergnügen. Wenn ich in mich hineinfühle, dann spüre ich mich viel unbeschwerter als damals, als ich eine junge Frau war. In meiner Jugend war alles schwer, und ich fühlte mich in mir gefangen. Ich konnte mir keine Dummheiten leisten, ich konnte nicht über mich selbst lachen, und heute kann ich das alles.

Ich finde meinen Körper schön. Ich mag ihn und berühre ihn gern. Ich bin gesund und habe zum ersten Mal in meinem Leben das Gefühl, dass ich fliege – am liebsten auf dem Hexenbesen. Es kommen auch immer mehr junge Frauen in mein Leben, die sehen, wie ich strahle, und wollen von der weisen Alten einen Rat. Und jetzt glaube ich endlich auch, dass ich das bin. Ich mag, wenn du Beautiful Old Woman zu mir sagst. Eine beautiful old woman, ja das bin ich.

Ich hatte eine schwere Kindheit. Ich bin in einem Wirtshaus aufgewachsen, mein Vater war brutal und hat mich viel geschlagen. Aber alles, was ich erlitten habe, hat mich zu der gemacht, die ich heute bin. Wir können selbst entscheiden, ob uns das Schwere umbringt oder stärker macht.

Ich durfte nur eine Lehre machen und hatte mit zwanzig mein eigenes Friseurgeschäft. Ich war eine Rebellin und wollte selbständig sein. Ich habe auch immer schon gespürt, dass ich etwas Besonders habe – ich bin hellsichtig. Aber damals wusste ich nicht, was das ist, und es hat mich gequält. Heute hilft es mir, wenn ich Menschen begleite, und ich stehe dazu.

Ich war zufrieden mit meinem Friseurgeschäft, aber dann hat mich das Leben gepackt, und ich wurde schwanger. Als ich das meiner Mutter beichtete, sagte sie: ›Lieber eins auf dem Kissen, als eins auf dem Gewissen.‹

Diesem Satz verdankt mein Sohn, dass er lebt. Dafür musste ich heiraten. Ein uneheliches Kind wäre eine Schande im Dorf gewesen! Und natürlich habe ich einen Mann geheiratet, der mich geschlagen hat. Zahn rausgehauen, durch die Wohnung geflogen … Es war ein starkes Überlebenstraining. Und eines Tages hatte ich genug davon und bin mitten in der Nacht zur Polizei gefahren. Das war das Ende meiner Ehe. Ich musste selber für meinen Unterhalt sorgen, er hat nicht gezahlt und hat mir das Auto genommen. Ich habe die Meisterprüfung gemacht und begonnen, an der Berufsschule für Friseurinnen zu lehren. Das habe ich dann fünfundzwanzig Jahre gemacht. Und es war gut!

Vier Jahre nach meiner Scheidung war's wieder so weit: Ich habe meinen jetzigen Mann geheiratet. Hochanständig, großzügig, aber wenn er eine Frau sieht, fällt ihm das Hirn in die Hose.

Mit sechsundfünfzig habe ich mir dann gesagt, ich will nicht nur mit Golf und Bridge alt werden, und habe mich berufsbegleitend vier Jahre lang zur Naturheilpraktikerin ausgebildet und dann auch noch den Reikimaster gemacht. Meine Praxis ist ausgebucht. Damit ich mein Eheleben besser aushalten konnte, habe ich auch noch eine schamanistische Ausbildung gemacht und Fußreflexzonenmassage gelernt. Ich arbeite nicht, weil ich Geld brauche, es erfüllt mich. Im Augenblick schule ich meine Hellsichtigkeit und mache eine Ausbildung in Parapsychologie.

Ich musste erst lernen, dass ich eine schöne, interessante Frau bin.

Ich habe es eigentlich erst in den letzten Jahren verstanden, weil immer mehr Menschen eine Herzensverbindung mit mir aufbauen. Das mit der weisen Frau, die wir sind, wenn wir älter werden, das stimmt. Ich kenne keinen Neid, keine Eifersucht und keine Missgunst mehr, für mich sind gute Beziehungen das Wertvollste, was ich haben kann.

Mein Mann hat mich fünfunddreißig Jahre lang betrogen, mit Nutten, mit anderen Frauen. Er hatte immer eine Freundin.

 Und als ich sechsundsechzig wurde, habe ich es plötzlich kapiert: Ich will noch mindestens dreißig Jahre leben. Ich brauche einen Freund.

Aber er und ich sind immer noch zusammen, im selben Haushalt.

Mein erstes Blind Date im Internet war ein Volltreffer. Und mit Helge bin ich hier auf Kur, und darauf bin ich stolz! Dass ich mich das getraut habe! Es ist unsere erste gemeinsame Reise. Wir haben uns beim ersten Date auf dem Parkplatz vor einem Restaurant getroffen. Ich habe sofort unauffällig an ihm geschnüffelt. Für mich muss ein Mann gut riechen, sonst geht gar nichts. Dann bin ich mit ihm in seine Wohnung gegangen, ich war ja alt genug und hatte nichts zu verlieren.

Es war Juni und Sommer. Wenn ich einen engen Rock trage, mag ich keine Unterwäsche. Wir haben uns geküsst, ich habe mich auf seinen Schoß gesetzt, und später sind wir unter der Dusche gelandet und haben uns geliebt. Es war einfach gut! Mich hat ja nie jemand gestreichelt. Schon als Kind nicht und später meine Ehemänner auch nicht. Und das ist das Schöne im Alter, dass alles so genussvoll ist. Ich habe den besten Sex meines Lebens. Helge hat auch eine langjährige Freundin, und das ist gut so, weil ich bei meinem Mann bleiben muss.

Heute ist unser letzter Abend hier. Aber ich bin nicht traurig. Ich bin einfach dankbar für das, was ich erleben durfte. Morgen fahre ich wieder nach Hause. Zu meinem Mann, der inzwischen krank ist und seine Sprache verloren hat. Er weiß, dass ich mit meinem Freund hier bin, ich will nicht mehr lügen.

Du fragst dich natürlich, warum ich immer noch bei ihm bin? Zuerst habe ich ihn nicht verlassen, weil mir in meinem unruhigen Leben die Sicherheit so wichtig war. Und jetzt gehe ich nicht, weil er krank ist. Ich kann nicht auf dem Unglück von jemandem anderen eine neue Beziehung aufbauen, aber ich habe meine volle Freiheit. In meiner eigenen kleinen Wohnung neben meiner Naturheilpraxis bin ich drei Tage in der Woche. An den anderen drei Tagen versorge ich meinen Mann und mache den Haushalt. Das Einzige, was wirklich schlimm ist, sind unsere gemeinsamen Urlaube. Drei Wochen mit jemand, der nicht mehr sprechen kann, allein an einem romantischen Platz, das ist unerträglich. Aber das habe ich jetzt auch besser gelöst. Ich fahre nur noch in einer Gruppe mit ihm weg oder mache eine Schiffsreise.

Es wissen alle, dass ich einen neuen Partner habe, ich verschweige es nicht. Meine Mutter ist dreiundneunzig, ich habe ihr von ihm erzählt und ihr ein Foto gezeigt. Da hat sie gesagt, ›Der gefällt mir, kannst du mir auch einen suchen?‹

Es ist schon erstaunlich. Meine alte Welt verschließt sich und wird stumm. Und dafür öffnet sich eine neue Welt, die ich bisher nicht kannte. Helge ist Musiker und führt mich in das Land der Töne ein. Es macht mich glücklich, und ich bin täglich neugierig, etwas zu lernen. Und ich mag mich. Wie nie zuvor in meinem Leben.«

Ein halbes Jahr später:
Ich schicke Hedwig ihren Text und bitte sie um ihr Einverständnis, ihn so zu drucken. Sie schreibt mir zurück: »Deine Geschichte ist leider schon veraltet, weil viel Neues passiert ist. Möchtest du es wissen?»

Sie lebt im Norden von Deutschland, und eine Minute später erzählt sie mir die Fortsetzung am Telefon.

»Die Geschichte ist so absurd, dass sie mir niemand glauben wird. Ich hatte einen sehr erotischen Traum und habe ihn in allen Details Helge erzählt. Per Mail. Und weil das Schicksal es so wollte, gab es einen Irrläufer, und der Text ist bei einem Bekannten von mir gelandet, der in Südfrankreich lebt. Als ich den Irrtum bemerkte, habe ich ihm sofort geschrieben und mich entschuldigt und ihm gesagt, wie peinlich mir das ist.

Seine Reaktion war einfach herrlich! Er schrieb zurück: ›Keine Sorge, die Geschichte ist bei mir sicher, aber sie hat mich geil gemacht.‹

Und so fing alles an. Wir hatten zuerst nur einen lockeren Mailverkehr und haben einander auch erotische Fotos geschickt, man kauft ja keine Katze im Sack! Und kurze Zeit später haben wir Face Time entdeckt und sind auf Videotelefonate umgestiegen. Damit begann eine lustvolle, sexuelle Zeit.

Gerardo ist dreiundsiebzig, ein Traum von einem Mann. Er lebt schon seit Jahren mit seiner sehr kranken Frau, und es war klar, dass wir diskret sein müssen, wenn wir einander sehen. Wir haben uns vor dreizehn Jahren, als ich in Frankreich auf Urlaub war, zufällig in einem Golfclub getroffen. Ich habe mich sofort in ihn verliebt. Aber ohne Aussicht. Er ist sehr schön, mit seinem vollen, grauen Haar, und außerdem ist er charmant und spielt Cello. Mir gab es jedes Mal einen Stich ins Herz, wenn ich ihn sah.

Inzwischen ist aus unseren virtuellen Dates eine richtige Liebesbeziehung geworden. Ich habe Helge von ihm erzählt, und wir haben unsere erotischen Begegnungen beendet. Aber unsere innige Freundschaft ist geblieben, das finde ich schön! Er ist ja ohnehin durch seine langjährige Freundin gebunden.

Für Gerardo ist es in unserer Beziehung das oberste Gebot, dass seine Frau nicht leidet, dass nichts geschehen darf, was sie verletzen könnte.

Wir treffen einander alle vier bis sechs Wochen, abwechselnd in Deutschland und in Frankreich. Immer an Orten, wo uns niemand kennt. Wir haben wunderschöne, lustvolle, intensive Stunden mit Sex, mit Gesprächen, mit zärtlichem Verwöhnen. Wir genießen unsere Gemeinsamkeit. Und oft denke ich, das habe ich verdient!

Wenn ich am Morgen erwache und ihn ansehe, dann kann ich es kaum fassen, dass mir noch einmal eine so große Liebe geschenkt wird! Und wenn wir einander nach ein paar Wochen wiedersehen, dann passt kein Haar zwischen uns. Stirn an Stirn, Wange an Wange, Herz an Herz. Für uns zählt nur der Augenblick.

Ich bin sicher, dass jemand da oben meine Mail an Gerardo weitergeleitet hat. Unsere wunderbare Beziehung hilft uns, unsere Ehen zu ertragen und unsere kranken Partner mit Würde zu begleiten.

So nah, so unglaublich, so wunderschön, so unvergesslich! Ich danke Gott, dass ich auf der Sonnenseite meines Lebens bin.«

Brief an meinen Körper

Mein lieber Körper! Geschunden habe ich dich, beleidigt und nicht genug geschätzt. Das ist wahr, auch wenn ich es ungern zugebe. Ich habe an dir herumgemäkelt, dich selten schön gefunden und lange gehofft, dass ich dich umbauen kann, wenn ich mich nur genug bemühe. Ich hätte gern schmalere Hüften, dünnere Oberschenkel, straffere Oberarme und auch sonst noch einiges, was ich gar nicht weiter aufzählen will, gehabt.

Das alles hast du tapfer mitgemacht. In der mehrfachen Deutung dieses Wortes.

Ich habe dir wirklich viel zugemutet!

Aber nicht nur ich.

Es fing damit an, dass meine Eltern, während du im Bauch meiner Mutter brav alle Entwicklungsschritte programmgemäß durchlaufen hast, in ständiger Angst lebten, dass du so krank sein könntest wie mein Bruder, der wenige Monate nach der Geburt starb. Das Vertrauen in dich war von Anfang an getrübt, obwohl du perfekt warst.

Als du dann gesund und wohlgeformt zur Welt kamst, fehlte dir ein kleines, aber wichtiges Merkmal: du hattest leider kein Schwänzchen, sondern eine wunderbare Vagina. Niemand hat es gesagt, aber du hast es gespürt: Meine strenge Großmutter, die einen Nachfolger fürs Geschäft wollte, der Vater, die Mutter – sie alle hätten so gern den verlorenen Sohn ersetzt. Und dann kam da nur ein Mädchen, das zweite schon!

Später war ich es dann, die dich gekränkt hat. Zu groß, zu fett, zu rote Wangen, zu dicke Knie … Nichts konntest du mir recht machen.

Und dann kam die Zeit der tausend Diäten. Ich habe dich gequält mit nur Eiweiß, kein Eiweiß, nur Ananas, nur Brot, kein Brot … Und du hast geduldig ab- und dann wieder zugenommen, weil du nicht verstanden hast, was ich von dir wollte. Ich verstehe es heute auch nicht mehr. Ich war ein hübsches, wohlgeformtes Mädchen, aber ich wusste es nicht. Und weil damals Twiggy modern war, war jeder normale Körper abnormal.

Kaum war ich mit dir halbwegs zufrieden, wurde ich Flugbegleiterin, und alles fing von vorne an. Jede Woche wiegen: Frl. Hofmann, Sie sind zu dick!! Wenn ich mir die Fotos ansehe in meiner Uniform, so warst du auch damals das, was du immer warst. Perfekt auf deine ureigenste Art und Weise.

Und heute?

Heute weiß ich, dass du wunderbar bist, und versuche, das wiedergutzumachen, was ich viele Jahre versäumt habe.

 Ich sage dir täglich, dass ich dich mag und dass du schön bist, wie du bist.

Und ich hoffe, dass meine Lebenszeit ausreicht, dich mit meiner Liebe zu verwöhnen.

Danke, für deine Geduld und für deine Freundschaft.

Falten am Hals

Heute ist einer dieser Tage, an denen das Leben in der Sonne glitzert.

Ich schlendere durch die Stadt, die mir seit mehr als vierzig Jahren vertraut ist. Wir sind miteinander älter geworden, und ich liebe sie. Früher, als ich jünger war und noch den Spitznamen »Schnelle Welle« trug, bin ich durch ihre Straßen geeilt und habe mir nicht die Muße gegönnt, mich einfach treiben zu lassen. In Ruhe einen Cappuccino trinken und den Straßensängern zuhören, Büffelmozzarella mit Tomaten bei einem kleinen Italiener essen und dann das Weißbrot ins Olivenöl tunken …

Vor einem Schaufenster mit Kostbarkeiten bleibe ich stehen und gehe einen Augenblick später in den Laden hinein.

Mein Auge liebt schöne Dinge, auch wenn ich sie nicht kaufen will. Dann sehe ich das Schmuckstück und spüre meine Verbundenheit mit dieser Koralle, die mich an rote Erde erinnert. Ich lasse die einzelnen Glieder der Kette spielerisch durch meine Finger gleiten und genieße es, dass ich mir Zeit nehme. Zeit für mich allein, Zeit, mich mit Dingen zu beschäftigen, die nicht nützlich sind.

Die Schmuckdesignerin lächelt.

»Rot ist Ihre Farbe«, sagt sie. »Probieren Sie sie an!«

Ich nehme die Kette und lege sie um meinen Hals. Ich mag es, wie Schmuck mich verändert. Silber macht mich klar und eher kühl, Koralle weich und weiblich.

Der Spiegel in dem Geschäft ist nahe beim Fenster und zeigt mir mein Bild. Mein kurzes, gelocktes, graumeliertes Haar, frech geschnitten, meine weiße Jacke aus schwerem Leinen mit dem großen Kragen. Extravagant und keiner bestimmten Mode unterworfen. »Du siehst aus wie einer der drei Musketiere«, lachte mein Mann, als ich mit der Jacke nach Hause kam. Früher hätte mich das getroffen und ich hätte die neue Jacke ganz hinten in meinen Kleiderschank gehängt. Jetzt lächle ich und weiß, dass mein Stil veränderbar sein muss, so wie auch ich mich immer wieder verändere.

Ich nicke mir zu und bin mit mir zufrieden.

Und dann sehe ich ihn – meinen Hals. Ich habe nie an ihn gedacht, ihn selten betrachtet, er war einfach da. Er hat meinen Kopf getragen, sich kaum jemals beschwert, sich vielleicht manchmal verspannt. Aber er war nie ein Thema. Mit meinen Oberschenkeln habe ich gehadert, als ich dreißig war, mit vierzig habe ich mit meinen Oberarmen gerungen, die ich zu dick fand. Meinen Hüftspeck habe ich mit fünfzig akzeptiert. Und rundum gut gelungen erlebe ich mich erst, seit ich mehr als sechzig bin.

Aber mein Hals war Terra incognita für mich.

Und jetzt ist er da. Die Korallenkette liegt auf ihm, ganz unschuldig. Aber sie deckt die Wahrheit auf: Mein Hals ist faltig geworden.

Zuerst bin ich nur erstaunt. Ich wusste aus der Literatur, dass Frauen sich kränken, weil sie im Spiegel an ihrem Hals diese zarten Knitterfalten entdecken, die einer Zeit die Türe öffnen, die man »Alter« nennt. Aber ich habe nie darüber nachgedacht, wie es für mich sein könnte, dieses Zeichen meines Alters zu entdecken.

Ich bin ganz still und sehe ihn nur an. Jedes Detail wird mir bewusst. Die »neuen« Falten auf meiner gebräunten Haut – wie lange sie wohl schon bei mir sind, ohne dass ich sie bemerkt habe? Die Koralle, die auf sie hinweist, als wäre sie ein Schild: Seht her, das zeige ich euch.

Die Schmuckdesignerin bemerkt mich nicht. Eine andere Kundin hat den kleinen Laden betreten und verdeckt den Blick auf mich.

Ich bin froh darüber. Ich sehe auf meinen Hals, zum ersten Mal in meinem Leben, und bin nicht sicher, was ich fühlen soll, so erstaunlich ist dieser Augenblick. Es dauert eine Weile – und dann kommt die Zärtlichkeit. Zärtlichkeit für mich als ältere Frau.

 Das bin ich. Eine weise ältere Frau, die ihre Weisheit der Welt durch warme, weiche Fältchen am Hals zeigt.

Ich bin einverstanden. Mit mir, wie ich bin, wie ich mich fühle, wie ich aussehe. Es ist ein stilles kleines Glück, das sich in mir ausbreitet und keiner Erklärung bedarf.

Beautiful Old Woman

Es gibt eine neue Abkürzung: BOW. Ich habe sie vor einiger Zeit erfunden. Und jetzt, wo sie sich in meinen Zellen ausbreitet und mich täglich freut, frage ich mich, wieso ich bis zu meinem fünfundsechzigsten Lebensjahr dazu gebraucht habe. Beautiful Old Woman – BOW, ja, das bin ich! Und ich nehme mir vor, dass ich mich bei jeder meiner Handlungen frage, ob sie zu einer Beautiful Old Woman passt.

Ich bin nicht unbedingt für englische Ausdrücke, und eigentlich hätte mir »schöne alte Frau« genauso gut gefallen. Aber weil die Abkürzung davon »Sch-a-f« ergibt und wir ohnehin schon lange genug sanfte Schafe waren, fand ich das nicht so passend. Schließlich wird es Zeit, dass wir uns ein paar positive Eigenschaften der Wölfe zulegen.

Dazu gehört es auch, kostbare Beute zu machen und sich nicht mit den Brosamen, die vom Tisch fallen, zufriedenzugeben.

Meine erste Beute in meinem neuen Leben als BOW war ein »vollkommen unangemessener Luxusschlitten für eine ältere Frau«. Das hat jemand hinter meinem Rücken am Stammtisch gesagt. Dieses Objekt meiner Begierde ist sinnlos, verrückt, unökologisch, unverantwortlich und nicht vernünftig. Alles klar.

Mein Auto ist auch eine Provokation für Frauen, die an der Armutsgrenze leben, weil sie keine gute Ausbildung, keinen guten Job haben oder aus anderen Gründen benachteiligt sind.

Bei all diesen Schwestern entschuldige ich mich für meine ziemlich absurde Handlung.

Und gleichzeitig stehe ich dazu, dass ich mit fast fünfundsechzig Jahren total unvernünftig sein darf. Dass ich mir das erlaube, was bei einem Mann meines Alters als völlig normal gilt. Oder hat sich schon jemand darüber aufgeregt, wenn ein Herr mit grauen Schläfen ein tolles Auto fährt?

Es ist Zeit für eine Trendwende! Auch bei unserem fahrbaren Untersatz. Die sogenannten »Frauenautos«, gegen diese Differenzierung bin ich sowieso, werden für ältere Frauen meistens kleiner und immer grauer. »Bescheidenheit ist eine Zier« und »Genügsamkeit ist eine Tugend« – können wir getrost abschaffen. Auch wenn mein Vater, Gott hab ihn selig, all jene, die teure Autos fuhren, als »Angeber« bezeichnet hat, deklariere ich meine BOW, so heißt mein Schmuckstück, als politische Handlung.

BOW kam in mein Leben wie vieles andere auch – unerwartet. Es war ein trüber Tag, dem ich nicht viel abgewinnen konnte. Ich war mittags unterwegs, als vor mir plötzlich wieder das Auto fuhr, das mich immer wieder neu in Entzücken versetzte. Eigentlich interessiere ich mich nicht besonders für Autos, doch dieses eine war so elegant, so anziehend weiblich, so perfekt proportioniert. Ich beschloss, dass genau jetzt eine Probefahrt fällig war. Einfach so. Fast ohne Hintergedanken. Als ich den Autosalon nach drei Stunden – inklusive Probefahrt – wieder verließ, war ich Besitzerin eines weißen Cabrios mit rotem Dach und roten Ledersitzen, das ich mir in drei Monaten abholen konnte.

Die Liste der Argumente gegen dieses spontane Autoleasing ist länger als das Vater-Unser, das ich schon lange nicht mehr bete, weil die Kirche mit uns Frauen nicht gut umgeht. Und in meinem »Mutter-Unser« kommt nicht vor, dass ältere Frauen sich bescheiden sollen. Wenn sie es nicht müssen.

 PS: Beautiful Old Woman bedeutet, dass ich jede Falte an mir liebe, dass ich mich so annehme, wie die Natur mich vorgesehen hat.

Es bedeutet, dass ich mich daran erinnere, wie ich gedacht war, ehe man mich »verzogen« hat, dass ich mich dafür engagiere, meinen Körper, meinen Geist und meine Seele zum Strahlen zu bringen.

Das englische BOW heißt auch »Bogen«. Wenn ich mit dem Pfeil mein Ziel treffen will, brauche ich eine klare Ausrichtung.

Das englische BOW heißt auch »verneigen«. Ich verneige mich vor dem Erfahrungsreichtum meines Lebens.

PPS: Ich habe mir auch noch ein Wunschkennzeichen geleistet: BOW 17 mit meiner Glückszahl. Und als ich auf dem Verkehrsamt war, wollte die Beamtin am Schalter sofort meinem Club beitreten.

War früher alles besser?

Das Interview ist aufgenommen. Ich habe von »Lillys Weg«, meinem Frauenroman, der viel mit mir selbst zu tun hat, erzählt. Die Fragen waren originell und ungewöhnlich. Weit weg vom banalen Pfad. Wie weise, kluge Frauen eben fragen … Elfi setzt ihren Kopfhörer ab, schüttelt ihr dichtes, weißes, kinnlanges Haar, eine interessante, reife Frau. »Und was kommt als nächstes Buch«? Sie ist neugierig, zugewandt, präsent, herzlich. So kenne ich sie, meine ehemalige Kollegin aus Rundfunkzeiten.

»Ich werde über uns, die wilden, weisen Frauen zwischen sechzig und hundert schreiben.«

Elfi verzieht das Gesicht: »Was soll an unserem Alter interessant sein?« Sie sagt es mit einer Vehemenz, die mich überrascht. Sie wirkt so froh, so lebendig, so in sich ruhend und einverstanden mit sich selbst. Und vehement spricht sie weiter.

»Mein sechzigster Geburtstag war ein Schock für mich, und ich habe einige Monate gebraucht, um ihn zu verdauen. Inzwischen habe ich mich daran gewöhnt, dass ich schon zweiundsechzig bin. Es gefällt mir nicht! Nicht, dass ich darunter leide, aber begeistert bin ich auch nicht! Weder habe ich das Gefühl, dass ich jetzt weiser bin als vor zehn Jahren, noch bemerke ich an mir mehr Gelassenheit. Ich war auch mit vierzig nicht besonders abhängig von dem, was andere gedacht haben. Dafür war es die beste Zeit in meinem Leben. Warum soll ich mich also freuen, über sechzig zu sein?

Ständig tut etwas weh, von dem ich vorher nicht einmal wusste, dass es das überhaupt gibt in meinem Körper. Ich kann mich auch nicht mehr so frei entscheiden wie früher. Wenn ich jetzt zum Beispiel auf die Idee komme, dass ich Medizin unglaublich interessant finde, dann kann ich mich hineinknien – aber wofür? Fürs eigene Ego? Das macht doch alles keinen Sinn!

Im Grunde genommen ist, wenn man älter wird, alles schon passiert. Man hat sich für oder gegen eine Familie entschieden, man hat einen Beruf gewählt. Mit mehr als sechzig kann man nicht einfach eine neue Wahl treffen und sich anders entscheiden. Man kann nur aufhören zu arbeiten und damit vielen eine Freude machen.«

Sie schießt mit dem Finger auf mich zu und sagt zornig: »Das stört mich! Ich arbeite unglaublich gern und fühle mich kein bisschen zu müde. Aber dass ich überhaupt noch arbeiten darf in meinem Beruf, hängt ausschließlich damit zusammen, dass mir ein paar Versicherungsjahre fehlen, sonst wäre ich schon mit sechzig zwangsweise in Pension geschickt worden. Das ist so bei uns in Österreich.

Weißt du, wann das anfängt, dass man beginnt, alt zu werden? Wenn die anderen Frauen einem sagen, dass einem etwas gut steht. Das hat vielleicht damit zu tun, dass man keine Konkurrenz mehr ist. Früher, wenn ich irgendwo hingekommen bin, dann haben mich die Männer bemerkt. Ich bin groß, und hässlich bin ich auch nicht. Aber ab vierzig bist du plötzlich keine Zielgruppe mehr.«

Sie gestikuliert, blitzt mich mit ihren graublauen Augen kämpferisch an, und der weinrote Schal mit pinkfarbenem Muster unterstreicht ihre herrliche Neigung zum Feuerdrachen. Ich liebe ihre ehrliche, vollkommen authentische Art und schreibe ihre Unverblümtheit ein Stück auch ihren mehr als sechzig Jahren zu. Hinreißend! Eine gute Alte, wie ich sie gerne mag.

Sie fährt sich durch die Haare.

»Du siehst, verstecken tue ich mein Alter nicht. Ich bin ja auch nicht den ganzen Tag unglücklich. Aber wenn ich darüber nachdenke, dann finde ich das alles nicht lustig! Das Dumme ist, dass ich mir mein Alter nicht aussuchen kann.

 Die einzige Alternative zum Nicht-alt-Werden ist ja bekanntlich, jung zu sterben, und das gefällt mir noch weniger.«

Als ich sie frage, ob es etwas gibt, was doch besser ist, denkt Elfi eine Weile ernsthaft nach.

»Was besser ist? Als ich jung war, habe ich die Welt in Gut und Böse eingeteilt. Dieser Mensch macht das, der ist mein Feind, den gilt es zu bekämpfen. Ich wollte immer die Welt verbessern und habe strenge Urteile gefällt. Jetzt merke ich, dass sich das geändert hat. Weil ich zwar eine Sache oder ein Verhalten noch immer nicht gut finde. Aber ich verstehe eher, warum jemand so handelt.«

Elfi macht eine abwehrende Geste. »So, das reicht auch schon. Zu viel des Lobes übers Älterwerden. Ob das wirklich positiv ist oder ob es einem nicht den Wind aus den Segeln nimmt, wenn man mehr versteht, das weiß ich nicht.«

Sie begleitet mich zum Ausgang, und als wir im Lift sind, grinst sie mich fröhlich an.

»Kann es sein, dass deine rebellischen Reden gegen das Älterwerden dir einfach Spaß machen und du dich daran vergnügst?«, frage ich sie.

»Kann schon sein«, lacht sie und sagt dann: »Ich freue mich auf dein neues Buch.«

War früher alles besser? Angeregt durch mein Gespräch mit Elfi fahre ich mit dieser Frage durch die Nonntaler Hauptstraße ins Zentrum von Salzburg zurück.

Dann wandere ich durch diese Stadt, in der ich unter Schwierigkeiten ein Kind zur Welt gebracht habe, einen Mann geliebt und verloren habe, unter dem Föhn gelitten und mich nie zugehörig gefühlt habe. Es ist mehr als dreißig Jahre her, dass ich das letzte Mal hier war, und die Erinnerung tut nicht mehr weh.

Ich sehe, als ich am Universitätsplatz am Würstelstand vorbeischlendere, die Frau, die ich damals war. Verkleidet in einen Seidenrock mit kleinem Strickjäckchen, fern von meinem eigenen Stil, in der Hoffnung, dass ich dann dazugehöre.

Ich erinnere mich, dass ich Wien vermisst habe und meine Einsamkeit nur in stundenlangen Radtouren lindern konnte.

Ich spüre kurz die Erleichterung von damals wieder, als ich mit einem vollgepackten Auto und Anna, meiner einjährigen Tochter, aus der Mozartstadt wieder geflüchtet bin, und sehe ihren Vater vor mir, der uns nachwinkt und betroffen zurückbleibt.

Heute ist Salzburg für mich einfach nur ein schöner Ort, an dem ich morgen Abend aus meinem Roman lesen werde. Ich genieße, dass ich von meinem Hotel-Bett auf den Fluss sehe, dass meine Freundin Uta, die damals meine einzige Vertraute war, mit mir ins Kino geht und wir, als wären wir nie getrennt gewesen, später mehr Wein trinken, als mir gut tut.

Und als ich spät am Abend entlang der Salzach zurück ins

Hotel schlendere, spüre ich dankbar, dass ich mich heute in jeder Stadt der Welt wohl fühlen kann, weil ich in mir selber angekommen bin.

Einen Tag später in Innsbruck:
Ich war ein Kind, vielleicht sieben Jahre alt. Linkshändisch und linkisch. Gefräßig und pummelig, weil ich aus einer Familie kam, in der es immer genug zu essen, aber wenig Zeit für die Liebe gab.

Als ich durch die Maria-Theresien-Straße bummele, erinnere ich mich daran, wie ich jeden Groschen meines kostbaren Taschengeldes gespart habe, um meinen Eltern ein Geschenk zu kaufen. Es war ein Teller aus Holz, bemalt mit dem Goldenen Dachl, dem Wahrzeichen der Stadt. Die Verkäuferin hat ihn in weißes Seidenpapier eingepackt, und ich habe ihn gehütet wie einen Schatz und jeden Abend begeistert ausgepackt und mir die Freude meiner Eltern vorgestellt.

Als ich dann mein Geschenk stolz überreichte, haben sie sich bedankt und den Teller einfach beiseite gelegt. Sie hatten in ihrem Geschäft für Souvenirs und Spielwaren viele solche Teller. Der einzige Unterschied bestand darin, dass der Martinsturm und die Pfänderbahn abgebildet waren.

Einen Tag später reise ich weiter nach Bregenz:
Hier bin ich geboren. Und jetzt betrete ich ein letztes Mal mein Elternhaus und setze mich noch einmal in die Küche, die das Zentrum unseres Familienlebens war. War ich hier glücklich? Die Bilder, die an mir vorüberziehen, sind gefärbt von meinem Bemühen, es allen recht zu machen, geprägt von der Strenge meines Vaters und der Überlastung meiner Mutter. Sie

ist in diesem Jahr gestorben. Das Haus, in dem ich meine Kindheit verbracht habe, ist leer ohne sie. Ich ziehe die Türe hinter mir zu. Für immer.

Das Gefühl, heimatlos zu sein, überwältigt mich plötzlich. Ich habe keinen Platz mehr in diesem Land, in dem ich geboren bin. Ich dränge meine Trauer zurück. Heute Abend stelle ich meinen Roman vor.

Einen Tag später weiter auf der Reise:

Der Hirschen in Schwarzenberg, dieses wunderbare Hotel, ist ein bequemes Landhaus und wird mir jederzeit wieder Refugium sein. Ich werde essen wie im Schlaraffenland und mit Franz, dem Patron, anschließend einen Schnaps trinken. Meine Freundinnen und einige andere herzerwärmende Menschen, mit denen ich gestern gefeiert habe, freuen sich, wenn ich bald wiederkomme. Ich bin frei und kann wohnen, wo ich will. Es gibt keine Verpflichtungen mehr.

Mein Auto findet automatisch seinen Weg. Nicht zurück nach Bregenz auf die Autobahn. Ich drehe das Radio ganz laut und fahre auf den Landstraßen noch tiefer hinein in den Bregenzerwald und dann hinaus ins Lechtal, das ich so liebe.

Und als ich später, wieder auf der Autobahn, vorbei an Innsbruck und Salzburg mich Wien nähere, weiß ich, dass dieses Land vor dem Arlberg, in dem ich geboren bin, immer mir gehören wird. Mit seinen Bergen, mit seinen Seen, mit seinen wunderbaren Menschen, die mir nahestehen.

 War früher alles besser? Nein, heute ist alles gut. Genau so, wie es ist.

Zwei kostbare Begleiter

Es ist der Morgen nach seinem sechzigsten Geburtstag. Carl, mein mehr als vier Jahre jüngerer Mann, sagt es ganz ruhig in diesen Tag hinein, dem hoffentlich noch viele erfüllte Tage folgen werden: »Es gibt zwei Dinge, die ich brauche, wenn ich ein gutes Leben haben will: Bewusstsein und Disziplin.«

Ich weiß in diesem Augenblick, dass er genau den Punkt getroffen hat, um den es auch für mich geht, und nehme die beiden Worte in die Hand.

Zuerst Bewusstsein.

Damit tue ich mir leichter, auch wenn es nicht einfach ist. Ein bewusstes Sein, das ist mir klar, erspart mir viele hausgemachte Schwierigkeiten und bringt mich dem näher, was für mich ein »gutes Leben« bedeutet.

Dass ich dazu viele alte Spuren im Gehirn nachhaltig verändern muss, ist eine täglich neue Herausforderung. Aber mit Geduld und Ausdauer bewältigbar.

Aber wie steht es mit Disziplin?

Das Wort ist mir noch immer nicht sympathisch. Gleichzeitig wird mir plötzlich klar, dass ein gutes Leben ohne Disziplin nicht möglich ist. Dass es für mich darum gehen wird, diesen ungeliebten Begriff vom Müll zu befreien.

Ich beschließe, ein Forschungsprojekt zu starten, und beobachte mein Leben unter dem Aspekt der Disziplin.

Eine halbe Stunde später:

Ich gehe rund ums Haus, und plötzlich fällt mir auf, dass nach dem Hochwasser vor zwei Monaten, das mir meinen undisziplinierten Umgang mit unseren Kellerräumen gezeigt hat, die Gartenhütte »übrig geblieben« ist. Sie wartet, vom Grauschleier des Schlammes befreit, noch immer darauf, dass ich sie wieder einräume. Wenn ich bisher vorüberging, habe ich einige Energie aufgewendet, das Durcheinander der Gartengeräte, die an der Hausmauer lehnten, zu übersehen.

Während ich beschließe, diesen Schritt endlich zu tun, spüre ich, dass meine Hose zwickt, weil ich gestern schon wieder diesen herrlichen Backhendlsalat in der Hafenschenke gegessen habe. Dass ich mir schon seit Monaten vornehme, die vier Kilo zu viel, mit denen ich mich nicht wohlfühle, abzubauen, und nichts dafür tue, hat auch mit mangelnder Disziplin zu tun.

Ein Telefonat vom Vorabend taucht auf. Die Worte, die ich zu jemandem gesagt habe, mit dem ich eng verwandt bin, bedauere ich heute, weil sie unser Verhältnis nicht verbessern werden. Auch hier wären Bewusstheit und Disziplin hilfreich gewesen. Ich nehme mir vor, in Zukunft meinen »Gedankenmüll« nicht einfach hinauszuschleudern, sondern ihn vorher zu sortieren und dann nur das Wesentliche zu sagen.

 Doch kann das Wort »Disziplin«, das in meinem Kopf in meiner Kindheit und Jugend so tiefe und unsympathische Spuren hinterlassen hat, wieder kostbar werden?

Ich schlage seine Bedeutung nach, vielleicht finde ich einen nützlichen Hinweis.

»Lateinisch disciplina: Lehre, Zucht, Schule«, steht da.

Mit dem Wort »Lehre« bin ich gut befreundet. Ich lerne schon mein ganzes Leben lang mit großer Freude und lehre gleichzeitig Menschen, die Welt der Systeme und ihre eigene Kostbarkeit zu verstehen.

»Zucht« muss ich sofort aus dem Wort »Disziplin« löschen. Dieser Zugang hat in meiner Kinderseele Schäden angerichtet, und ich habe Jahrzehnte damit zugebracht, sie zu heilen.

»Schule« ist für mich zweideutig. Die eine Deutung ist meine persönliche Erfahrung als Kind, wo Schule Angst, Schrecken und Demütigung bedeutete, die andere ist ein großer, offener Raum, in dem Kostbarkeiten entdeckt und weiterentwickelt werden.

Ich kehre zu dem Wort zurück und merke, dass es sich lohnt zu differenzieren. Und dass es auch darum geht, mich selbst für die vielen Male zu schätzen, in denen ich sehr diszipliniert war, obwohl der Begriff so schwierig besetzt ist.

Ich habe meine Kinder unter herausfordernden Umständen großgezogen, Bewusstsein und Disziplin waren meine wichtigsten Anker dabei.

Ich habe mehr als ein Dutzend Bücher geschrieben und mit Disziplin immer wieder neu dem Druck von Abgabeterminen der Manuskripte standgehalten.

Ich habe immer wieder neu an meinen Beziehungen zu Menschen gearbeitet und mit Disziplin mein eigenes Verhalten reflektiert.

Es wird Zeit, dass ich diesem bisher so ungeliebten Wort und damit meinem Vater meinen Dank ausspreche und ihm einen guten Platz in meinem Leben gebe. Und mir wird klar, dass Bewusstsein und Disziplin Geschwister sind, die einander ergänzen und sich ohne einander nicht frei entfalten können.

Einen Monat später:

Ich bin mit dem Wort Disziplin inzwischen befreundet. Dem Backhendlsalat in der Hafenschenke kann ich zwar noch immer nicht widerstehen, aber die Gartenhütte ist wieder eingeräumt, und mein letzter aggressiver Dialog mit dem Menschen, mit dem ich eng verwandt bin, hat nur noch in meinem Inneren stattgefunden. Das ist zwar noch nicht ideal, aber besser als der spontane, äußere Ausdruck.

Außerdem habe ich mein Schlafzimmer aufgeräumt, in dem auf der Ablage rund um mein Bett der Bücherberg so hoch war, dass fast jede Nacht einer der Türme umgestürzt ist und mich geweckt hat. Mein Kleiderschrank, der voll war mit »guten Sachen«, die ich vielleicht doch noch einmal tragen könnte, ist dezimiert, und meine letzte Reisekostenabrechnung habe ich am Tag nach meiner Rückkehr gemacht.

Ich genieße meine neue Freundschaft mit dieser Qualität und merke den Unterschied. Früher habe ich die Disziplin nur dann eingeladen, wenn ihr Besuch unumgänglich war. Wenn ich meinem Verlag ein Manuskript zu einem bestimmten Datum versprochen hatte oder einen Vortrag halten musste, obwohl ich nicht fit war. Oder wenn ich für meine Kinder da sein musste, obwohl mein Herz wund war.

Ich bin ihr mit Respekt und Vorsicht begegnet. Zu nah, obwohl es mehr als fünfzig Jahre her ist, ist die Erinnerung an meinen strengen Vater, der uns nach »Dienstplänen« Geschirr abwaschen, auf die jüngeren Geschwister aufpassen und den Abfalleimer hinuntertragen ließ. Wer sein Zimmer nicht aufgeräumt hatte, wurde so lange darin eingesperrt, bis aufgeräumt war. Ich bin im Frieden mit meinem Vater und weiß, dass er selber nichts anderes kannte und es gut gemeint hat.

Aber für eine Freundschaft mit dem Wort Disziplin hat dieser Friede lange nicht gereicht.

Willkommen, meine neue Freundin! Ich werde dir ein Zimmer in meinem Inneren einrichten und dich bitten, als Dauergast bei mir zu bleiben.

Ein paar Monate später:

Ich muss zugeben: So einfach ist das noch immer nicht mit der Disziplin. Die Bücherberge rund um mein Bett sind schon wieder gewachsen, und in meinem Büro türmt sich ein Stapel unerledigter Reisekostenabrechnungen.

Aber es gibt auch Erfolge zu verzeichnen, und vor allem gibt es einen Unterschied: Ich verurteile mich nicht mehr für meine »Ehrenrunden«, weil mir immer mehr bewusst wird, dass alte, breite Spuren im Gehirn Zeit brauchen, bis sie schmaler werden.

Kleiner Unterschied mit großer Wirkung

Die Wissenschaft hat sich lange nicht um uns gekümmert. Wenn geforscht wurde, dann meistens in Bezug auf Männer. Von der Dosierung für Medikamente bis zum Aufbau des Gehirns und der Orgasmusfähigkeit hat sich kaum jemand Gedanken darüber gemacht, dass wir Frauen anders sein könnten als Männer.

»Fast während des gesamten 20. Jahrhunderts ging die Wissenschaft davon aus, dass Frauen neurologisch gesehen und in praktisch allen anderen Aspekten mit Ausnahme der Fortpflanzungsfunktion kleine Männer seien«, schreibt die Hirnforscherin Louann Brizendine in ihrem Buch *Das weibliche Gehirn*.

 »Wenn ein Mann keine Erektion bekommen kann, ist das in den Augen der Ärzte ein medizinischer Notfall, aber wenn es um die sexuelle Befriedigung der Frauen geht, scheint eine ähnliche Dringlichkeit nicht gegeben zu sein.«

Ein Relikt aus dieser Zeit hängt noch in fast jedem Ärztezimmer: das Bild des menschlichen Körpers, das uns zeigt, wie unser Innenleben aussieht. Es wird so gut wie immer in Großformat durch einen Mann repräsentiert. Mit Vorder- und Hinteransicht.

Doch langsam beginnt die Emanzipation auch in der Forschung Fuß zu fassen. Und so kommt es, dass die Hirnforscher mit Erstaunen festgestellt haben, dass es zwischen dem weiblichen und dem männlichen Gehirn kleine, dafür aber umso kompliziertere, umfassende Unterschiede gibt.

Das entlastet mich, denn bisher habe ich manche der Unterschiede als persönliche Störung aufgefasst. Ich habe zum Beispiel mein ganzes Leben lang nicht verstanden, warum Männer ein Beziehungsproblem einfach wie eine lästige Kulisse beiseite schieben können und frohgemut mit mir schlafen wollten, während ich noch Stunden bis Tage gebraucht habe, bis ich wieder bereit war, mich ganz zu öffnen. Das liegt daran, schreibt Brizendine, dass dem Sexualtrieb im männlichen Gehirn zweieinhalb Mal mehr Raum gewidmet ist und auch die Gehirnzentren für Aktivität und Aggression größer sind.

Im weiblichen Gehirn enthält dafür das Zentrum für Sprache elf Prozent mehr Neuronen als das der Männer, und der Hippocampus, Dreh- und Angelpunkt für die Entstehung von Gefühlen, ist ebenfalls größer. Das Gleiche gilt für die Schaltkreise, die dem Beobachten der Emotionen anderer dienen. So konnte man nachweisen, dass bei einem Mädchen die Fähigkeit zu Blickkontakt und gegenseitigem Ansehen im Lauf der ersten drei Lebensmonate um mehr als vierhundert Prozent wächst, bei einem Jungen verstärkt sich diese Fähigkeit während dieser Zeit gar nicht.

Warum das für unsere Urzeitvorfahren, von denen wir diese starken Prägungen übernommen haben, sinnvoll war, erklärt sich leicht: Männer brauchten einen erhöhten Aggressionspegel, um zu kämpfen, und ihr Hauptinteresse galt dem Fortbestand ihrer Spezies. Also ging es darum, ihren Samen möglichst breit zu streuen, damit es genug Nachwuchs gab.

Frauen konnten nur dann überleben, wenn sie gut darin waren, Gefahren rechtzeitig wahrzunehmen, und wenn sie sich in Gruppen zusammentaten, einander unterstützten und für Harmonie sorgten. Wer aus der Gemeinschaft herausfiel, war dem Tod geweiht. Und der sexuelle Partner musste mit Umsicht gewählt werden, weil der Begegnung eine neunmonatige Schwangerschaft folgen konnte und ein Kind, das ernährt werden musste. Aggressive Kämpfe, selbst wenn die Frauen gleich stark gewesen wären, hätten auch zur Folge gehabt, dass sie meistens unversorgte Kinder hinterlassen hätten. Zusammenfassend schreibt die Hirnforscherin:

 »Während Frauen eine achtspurige Autobahn zur Verarbeitung von Gefühlen besitzen, wo bei Männern nur eine kleine Landstraße vorhanden ist, besitzen Männer einen riesigen Flughafen als Drehscheibe für Gedanken über Sex, während Frauen zu dem gleichen Zweck nur über eine kleine Landepiste für Privatflugzeuge verfügen.«

Und Louann Brizendine fügt eine gute Nachricht hinzu: »Das Gehirn ist vor allem eine hochbegabte Lernmaschine. Nichts ist endgültig festgelegt. Die Biologie hat starke Auswirkungen, aber sie hält uns nicht in einer bestimmten Realität gefangen.«

Und genau dort können wir Frauen ansetzen. »Frauen haben eine viel indirektere Beziehung zur Wut. Meine Mutter pflegte zu sagen, man könne die Qualität und Dauerhaftigkeit einer Ehe an der Zahl der Bisswunden auf der Zunge der Frau erkennen.« Es wird Zeit, dass wir verlernen, uns »auf die Zunge zu beißen«.

Gleichzeitig sollten wir unsere Fähigkeiten noch mehr schätzen: »Das weibliche Gehirn hat ungeheure, einzigartige Qualitäten. Eine herausragende sprachliche Flexibilität, die Fähigkeit zu tief empfundener Freundschaft, eine fast übernatürliche Fähigkeit, Gefühle und Geisteszustände an Gesichtsausdruck und Tonfall abzulesen, und die Fähigkeit, Konflikte zu entschärfen. Das alles ist im Gehirn von Frauen fest einprogrammiert«, bestätigt uns die Hirnforscherin.

Und wir älteren Frauen bringen dazu noch die Erfahrung von Jahrzehnten mit. Ein Grund mehr, uns endlich selbst zu vertrauen und den wertvollen »Bauchgefühlen« mehr Aufmerksamkeit zu schenken.

Mit neunzig auf dem Jakobsweg

»Grüß Gott, tritt ein, bring Glück herein«, sagt sie und öffnet mit jugendlichem Elan die Türe. Ich habe sie mir anders vorgestellt. Oma Toppelreiter ist dreiundneunzig und sieht viel vitaler aus als auf ihren Bildern im Internet. Die Lebendigkeit, mit der sie geht und sich bewegt, kann ein Foto nicht einfangen.

Tausend Falten, die mitlachen, wenn es etwas zu lachen gibt, lebendige, graue Augen, in denen die Freude blitzt, und dann wieder ein Funken Trauer, wenn sie von Othmar spricht.

Othmar war ihr Mann, mehr als sechzig Jahre lang. Ihr Lebensmensch, mit dem sie durch den Krieg und ein karges Leben gegangen ist.

»Er wollte immer sparen, damit wir in der Not etwas haben, und hat immer das Schlimmste befürchtet. Fast hätten wir die eiserne Hochzeit erlebt, aber dann hat es nur bis zur diamantenen gereicht. Er wurde krank, und wir haben ihn hier, in unserem Haus, bis zu seinem Tod gepflegt. Sieben Monate hatten wir Zeit, uns zu verabschieden. Es war auch eine gute Zeit, weil wir viel geredet haben und uns vorbereiten konnten auf den Tag, an dem er nicht mehr unter uns ist.«

Wir, das sind Maria, ihre Tochter, und ihr Enkel Michael. Die beiden managen die Oma, die sich durch ihren Mut, neu anzufangen, zur »Marke« entwickelt hat. Heute hat sie eine eigene Webseite und schreibt mit dem Computer, den ihr der

Enkel geschenkt hat, ihren mehr als tausend Freunden auf Facebook. Doch zuerst kam der Zusammenbruch.

»Als mein Mann starb, war ich am Ende. Erschöpft von der Pflege, ich habe mich einfach selbst aufgegeben. Er hat mir so gefehlt. Alles an ihm, der ganze Mensch …Wir waren ja selten getrennt in all den Jahren. Für mich war immer wichtig, dass ich mit ihm beisammen bin. Bei der Arbeit und beim Vergnügen. Aber viel Vergnügen haben wir nicht gehabt. Die Zeiten waren damals so.

Meine Mutter ist gestorben, als ich acht Wochen alt war, und ich habe meine ersten Jahre bei Verwandten verbracht. Dann hat mein Vater wieder geheiratet. Die neue Frau hat geschaut auf mich, aber es hat die Wärme und die Geborgenheit gefehlt. Man ist ein Stiefkind ein ganzes Leben lang.

Der Othmar war dann mein Fels in der Brandung. Er war meine Hoffnung, dass das Leben sich ändert. In meiner Ehe habe ich endlich diese Sicherheit, dass ich irgendwo dazugehöre, gefunden. Und dann plötzlich diese Leere. Nach mehr als sechzig Jahren!

Der Michael hat mir damals das Leben gerettet. Enkel sind das Schönste im Leben. Sie haben einen goldenen Hintern und geben uns immer wieder einen neuen Sinn. Er hat sich mit mir an diesen Küchentisch gesetzt und gesagt: ›Oma, du hast doch sicher in deinem Leben schon einmal Träume gehabt. Und die schreiben wir jetzt auf.‹

Reisen will ich, habe ich sofort gesagt, endlich die Welt kennenlernen. Ich bin ja über Wartberg kaum hinausgekommen.«

Das Dorf, in dem die Oma Toppelreiter lebt, ist so klein, dass es keine Erwähnung auf der Autobahnabfahrt wert ist.

Das Einfamilienhaus am Ortsrand hat das Paar gemeinsam gebaut. Seither lebt sie hier. Mit einer neuen Küche, neuen Fenstern und einem neuen Bad.

»Das hat der Othmar noch bestimmt, dass wir das renovieren müssen, solange er noch lebt, damit ich es nachher bequem habe. Mitten in der Baustelle lag er, schwer krank und hat doch noch alles organisiert. Für ihn war ich ja eine alte Frau, die nichts mehr kann. Nicht einmal die Medikamente durfte ich ihm herrichten, das musste die Maria machen, weil er mir nichts mehr zugetraut hat.«

 »Du bist mehr als achtzig, du kannst das nicht mehr. Ich habe das so lange von so vielen Seiten gehört, bis ich es selber geglaubt habe.«

In den ersten Monaten nach seinem Tod waren es erst kleine Schritte. Ausflüge in der Steiermark, »endlich die eigene Heimat kennenlernen«, lächelt sie bei der Erinnerung.

Dann kam Michael eines Tages mit einem Flugticket nach Malta an. Den Einwand seiner Großmutter, dass sie doch viel zu alt zum Fliegen sei, hat er beiseite gewischt und seiner Oma, nun siebenundachtzig Jahre alt, die erste Flugreise geschenkt.

»Ich habe mich wirklich um meine eigene Achse gedreht. Eine vollständige Wende gemacht.«

Sie sagt es mit blitzenden Augen, und der Spaß am neuen Leben ist sichtbar und spürbar. Dann fährt sie sich durchs dichte, graue Haar.

»Du kommst einen Tag zu früh«, sagt sie kokett zu mir, »morgen habe ich meinen Friseurtermin, dann sehe ich besser aus.«

Der Tag, an dem die Marke »Oma Toppelreiter« entstand, bewegt Margarethe, wie sie eigentlich heißt, noch immer.

»Mein Enkel ist den Jakobsweg gegangen, und wir haben ihn in Spanien abgeholt. Die Begeisterung und seine leuchtenden Augen waren so ansteckend, dass ich bedauert habe, dass ich zu alt bin, um das noch zu erleben.

›Oma, das kannst du doch noch!‹, war seine Antwort. Und dann ging's los.

 Ich habe kaputte Knie, einen lädierten Knöchel und starke Osteoporose. Wie soll jemand wie ich mehr als hundert Kilometer gehen können?

So viel braucht man, damit man die ›Compostela‹ bekommt, diese begehrte Medaille, die fast jeder Spanier hat, weil man dann leichter einen Posten bekommt. Mein Hausarzt ist ein uriger Mann, der hat nur gesagt: ›Geh in Gottes Namen, aber bitte nicht den ganzen Weg!‹

Meine Tochter und ich haben dann unter Anleitung meines Enkels trainiert. Ich wollte zuerst nicht, ich wollte mir meine Kräfte aufheben. Aber der Michael hat gesagt: So geht das nicht, ihr müsst eure Muskeln aufbauen. Dann sind wir jeden Tag mit den Stöcken gegangen! Eine Stunde lang, bei jedem Wetter.«

Oma Toppelreiter steht auf und holt aus dem Vorzimmer ihre »Gehhilfe«, wie sie sagt.

»Das sind die Originalstöcke vom Jakobsweg, und meinen Rucksack habe ich auch selbst getragen.«

Maria lächelt und mischt sich zum ersten Mal ein: »Ja, aber du hast die leichten Sachen drin gehabt, die Regenmäntel und die Isomatten.«

Ihre Mutter lacht und greift sich auf die Schultern: »Für mich war er schwer genug.«

Als sie weitererzählt, klingt sie fast selbst erstaunt, dass sie das alles geschafft hat.

»Dann haben wir die Ernährung umgestellt. Vorher habe ich alles gegessen, was dick macht. Knödel, viel Fett, viel Süßes. Ich habe einige Kilo abgespeckt. Ich wollte so viel abnehmen, wie der Rucksack wiegt. Ich habe auch immer in den Herbergen geschlafen, in den großen und den kleinen. Auf Matratzenlagern, wie alle anderen. Ich wollte eine echte Pilgerin sein. Die anderen Pilger haben mir die Kraft gegeben. Schon ganz am Anfang habe ich bemerkt, dass ich mit meinen neunzig Jahren etwas Besonderes war. Manchmal war's mir auch zu viel. Wenn ich müde war und alle ein Foto mit mir machen wollten. Aber es war wunderschön, wir waren eine große Familie. Und dann bin ich in allen Zeitungen gestanden. Wenn das der Papa wüsste!«

Sie schaut zum Himmel hinauf, nicht auf das Foto, das auf der Fensterbank steht.

»Er wäre sicher nicht einverstanden gewesen, dass ich damit an die Öffentlichkeit gegangen bin. Ich bin ja fast ein gläserner Mensch geworden. Aber ich habe so viel positive Rückmeldungen bekommen und mache anderen alten Menschen Mut, ihr Leben noch einmal völlig umzukrempeln.

Aber wer weiß, vielleicht sieht er das jetzt auch anders. Er wollte nicht reisen. Er wollte sein Kaffeehäferl und seine Ruhe. Ihm ist es bestimmt recht, dass ich jetzt nachhole, was ich versäumt habe. Er ist ja überall dabei. Und er beschützt uns.«

Sie schaut mir ganz gerade in die Augen und nimmt noch einen Anlauf.

»Mein Othmar ist immer bei mir. Auf Abruf ist er da.«
Dann, erschrocken über ihren eigenen Mut, schlägt sie sich auf
den Mund und wendet sich an Maria: »Sollen wir das überhaupt sagen? Ob es ihm recht ist?«

»Das ist doch jetzt dein Leben, Mama!«

Die Oma nickt und spricht weiter: »Ich melde mich, hat
mein Mann gesagt, ich weiß noch nicht wie, aber ich melde
mich. Er hat auch gesagt, ich will nicht ohne dich ins Grab.
Gehen muss ich zuerst, ich kann dir nicht nachschauen. Und
so hat er es gemacht. Ich habe kein schlechtes Gewissen. Ich
habe alles für ihn getan. Jetzt steht seine Urne hier bei uns. Er
wollte das so. Er hat gesagt, du bist zu alt, um auf den Friedhof
zu gehen. Ich muss aufpassen, dass ich nicht für verrückt gehalten werde, weil ich ihn bei allem frage. Aber in meinem Alter
ist das wahrscheinlich eh egal.«

Sie lacht herzlich und bietet mir eine Kürbissuppe mit fri-
schem Brot an. Zum Nachtisch, damit wir uns stärken fürs
Weiterreden, gibt es Kaffee und eine Topfengolatsche.

»Gekocht wird in der letzten Zeit sehr einfach, weil wir so
beschäftigt sind.«

Denn die Erzählung über die Karriere der dreiundneunzig-
jährigen Steierin ist noch nicht zu Ende.

Weil die Wanderung ins spanische Heiligtum so schön und
die Zustimmung zu ihrer »Verrücktheit«, die ihr niemand zugetraut hat, so groß war, schrieb sie gleich auch noch ein Buch
über ihre Erlebnisse. Im Eigenverlag und mit großer Schrift:
»Oma Toppelreiter auf dem Jakobsweg«.

»Der Michael hätte sofort einen Verlag gefunden. Aber die
haben gesagt, es dauert ein Jahr, bis das Buch auf den Markt
kommt. Da war ich dagegen. Wer weiß, ob ich dann noch lebe,

habe ich gesagt. Und wer weiß, ob die das in einer Schrift drucken, dass alle alten Menschen es wirklich lesen können.«

Die Vorträge und Lesungen aus ihrem Buch füllen ganze Säle, und inzwischen ist sie so routiniert, dass es keine Rolle mehr spielt, ob zwanzig oder zweihundert kommen.

Draußen vor dem Fenster scheint die Sonne, und immer wieder zeigt die Oma auf die gelbrot gefärbten Büsche und Gräser in ihrem Garten.

»Ich bin so dankbar für jeden Tag, der mir geschenkt wird. Ich habe früher nie das Gefühl gehabt, dass ich ganz alt werden will, ich habe alles genommen, wie es kommt. Aber jetzt fühle ich mich richtig gut. Meine Beschwerden sind durch mein aktives Leben besser geworden. Es ist ein begnadetes Alter. Als Nächstes mache ich einen Yogakurs und einen Internetkurs bei den Schülern unseres Bundesgymnasiums. Und Tanzen wäre ja auch so gesund. Letzthin hat mich der Bürgermeister bei einer Feier aufgefordert. Da habe ich Nein gesagt, und jetzt reut es mich. Gleichzeitig bin ich immer bereit zum Sterben. Wir wissen ja nie, wann das sein wird. In keinem Alter.

Und wenn die alten schlimmen Gedanken wieder kommen, dass etwas passieren könnte oder mir jemand weggenommen werden könnte, den ich liebe, dann bete ich und lese Bücher über positives Denken. Jeder soll glauben, was er glaubt, und sich daran aufrichten können. Ohne Glauben hat das Leben keinen Sinn. Egal, an was man glaubt.

Ich freue mich auf ein Wiedersehen mit dem Othmar. Und bis es so weit ist, habe ich noch einige Pläne. Als Nächstes fahren wir nach Schottland und dann nach Amerika. Ich hoffe, dass wir bei Präsident Obama eine Audienz bekommen.«

Einmal nur wird sie nervös. Als ich sie bitte, dass sie mir eine Widmung in ihr Buch schreibt: »Ich bin noch neu in diesem Beruf, ich muss mich erst daran gewöhnen, dass ich Bücher signiere.«

Als ich schon im Auto sitze, öffnet sie das Fenster und ruft mir zu:

 »Umgib dich nicht mit negativ denkenden Menschen, das färbt ab. Und wenn du in der Früh aufstehst und danke sagst, dann ist der Tag gerettet.«

Von der »Würde des Alterns«

Die »Würde« ist ein gefährliches Wort. Als Kind ist es mir nicht weiter aufgefallen, da war für mich jeden Sonntag in der Kirche der Satz aus dem Vater-Unser ganz normal: »Ich bin nicht würdig, dass du eingehst unter mein Dach.« Weil ich sowieso unwürdig war. Ich war schließlich nur ein Mädchen und Linkshänderin, obendrein mit eingedrehten Füßen, die durch schrecklich hässliche orthopädische Schuhe gezwungen wurden, gerade zu werden.

Als Erwachsene wurde für mich ein »würdiges Leben« dann etwas, wofür ich kämpfen wollte. Hauptsächlich für andere. Dass Menschen nicht mehr auf Krankenhausgängen starben, dass Altenheime nicht zu Verwahranstalten für »nutzlos« gewordene Senioren verkamen, dass Frauen in Ländern, in denen das weibliche Geschlecht weniger als nichts wert war, das Recht haben sollten, ein würdiges Leben zu führen.

Das gilt alles noch. Und dafür ist das Wort »Würde« ein wichtiges, das ich jederzeit unterschreiben kann.

Aber ich werde misstrauisch, wenn es heißt, dass ich »in Würde altern soll«. Das wird zur Falle und wirft die Frage auf: Ist das alles, was mir noch zugestanden wird, in dieser kostbaren Zeit der Reife?

Wo ist die Freude, die Ausgelassenheit, das wieder unbeschwert sein dürfen, weil ich von so vielem befreit bin? Unter anderem von den hohen Ansprüchen an mich selbst. Wo steckt in diesem Wort, dass ich mich an meinem Körper erfreuen kann, so wie er ist? Mit seinen Ausdrucksformen, die seinem Alter entsprechen. Mit seinen wunderbaren Falten und den schönen grauen Haaren. Mit seiner Weisheit, müde zu sein, wenn ich mir zu viel zugemutet habe. Mit all dem, was zu mir gehört, weil ich andernfalls jung hätte sterben müssen. Was ich nie wollte. Nicht einmal in der Pubertät.

Und hier lohnt es sich noch einmal, die wunderbare Schauspielerin Lotti Huber zu zitieren, die leider schon gestorben ist. Es war einer ihrer ersten Sätze in unserem Gespräch für mein Buch »Verschwiegene Lust«: »Was heißt denn überhaupt Würde des Alters? Würde des Menschen, Würde des Kindes, Würde des Lebens. Die Würde ist überall. Aber wenn man alt geworden ist und nichts im Kopf hat, als nur dazusitzen und seine Blumen zu gießen, das ist doch nicht Würde. Das ist Bürde.«

Und daher erhebe ich Einspruch, wenn sich dieses Wort »Würde« zur Überschrift über mein Leben aufblasen will und neben sich alle anderen Qualitäten, die für mich wichtig sind, erdrückt. Meine Freude, meine Erotik, meine Neugierde, mein Forscherinnengeist, meine Kindlichkeit und vieles andere, was mein Herz berührt. Gerade jetzt. Und halte es lieber mit Pippi Langstrumpf:

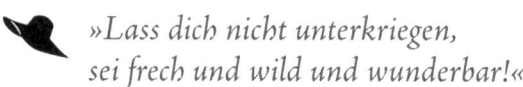 *»Lass dich nicht unterkriegen,*
sei frech und wild und wunderbar!«

Und du triffst dich drei Tage lang in der Mitte des Flusses

Beziehung – was für ein häufig gebrauchtes Wort! Ein Leben lang daran gekaut, millionenfach darüber geredet, mich abgemüht, gelacht, geweint, geärgert, getrauert, verzweifelt gewesen.

Beziehung hieß für mich lange Zeit, dass ich an mir selbst gezogen habe, damit ich mich so forme, wie ich dachte, dass die Männer, die ich liebte, mich wollten. Oder dass sie sich bemüht haben, mich zu dem zu formen, was sie in mir irrtümlich gesehen haben, in der ersten Verliebtheit, die ja bekanntermaßen nur so lange dauert, bis wir unser Hirn wieder einschalten können. Es war ein langer, mühsamer Prozess, und gute Beziehungen sind mir nie in den Schoß gefallen. Ich musste richtig hart dafür arbeiten.

Und jetzt?

Jetzt ist mir Beziehung noch immer wichtig. Ohne Menschen, die ich liebe und die mich lieben, will ich nicht sein. Und gleichzeitig will ich auch nicht mehr ohne mich sein. Ohne mein ursprüngliches Wesen, das es zu bewahren gilt und das ich so oft vergessen, verlassen und verraten habe, damit ich dazugehöre.

Meine Eltern haben mir nicht vorgelebt, wie Beziehung glücken kann. Sie hatten keine Zeit für diesen Luxus und die Vorstellung, dass man um jeden Preis an der heilen Familie festhalten muss. Und so ging ich aus meiner Kindheit weg und wurde zu einer Frau, der vor allem wichtig war, anders zu leben als sie.

Damals wusste ich noch nicht, dass Dagegensein nur eine neue Form von Unfreiheit bedeutet. Meine Familie wurden die Bohemiens, die Unverbindlichkeit mein bester Schutz. Niemand sollte mein Herz brechen. Ich packte es gut ein und dachte, dass so Freiheit schmeckt.

Später, als ich das Leben als Schmetterling ermüdend fand, nahm ich in einer Beziehung Platz, die die Bezeichnung »Schleudersitz zur Entwicklungsbeschleunigung« verdient. Was blieb, ist die Erfahrung, dass ich selbst für mein Glück verantwortlich bin, und zwei wunderbare Kinder, für die ich täglich dankbar bin.

Heute weiß ich, dass meine Beziehung ein Geschenk ist. Und dass es sich gelohnt hat durchzuhalten. Sie war und ist eine Gelegenheit, mir selbst näherzukommen. Und dass das mit Arbeit verbunden ist, habe ich inzwischen auch akzeptiert.

 Die glückliche Beziehung, die uns zufliegt und bleibt, gibt es nur im Kino. Im echten Leben ist es ein Tanz zwischen Freiheit und Verbundenheit, ein Kunstwerk, das immer wieder neue Bedingungen braucht.

Und als ich letzthin nach Bozen eingeladen wurde, um auf einer Fachtagung für Partnerschaft einen Vortrag zum Thema »Beziehung im Alter ist ein Kunstwerk« zu halten, wusste ich aus eigener Erfahrung genau, was es braucht, damit eine Partnerschaft über Jahrzehnte bestehen kann:

- Respekt, Vertrauen und Offenheit
- Genug Luft zum Atmen
- Eine gute Müllverbrennungsanlage, in der die Verletzungen, nachdem wir sie angeschaut haben, entsorgt werden, damit sie nicht im Untergrund ihr Unwesen treiben und die Beziehung vergiften.
- Eigene Interessen, die wir auf keinen Fall aufgeben sollten, nur damit wir im ständigen Gleichschritt gehen können.
- Ein Lächeln im Reisegepäck und Gleichmut.

Und als ich gerade meine innere Checkliste fertig hatte, rief die »Kräuterrosa« an, die ich auf dem Weg nach Bozen besuchen will, weil ich sie für mein nächstes Buch über Rituale im Alltag interviewen möchte.

»Hast du einen Mann?«, fragt sie mich ganz direkt in ihrem urigen Tiroler Dialekt. Und als ich bejahe, gibt sie mir kostenfrei einen Rat.

»Wenn du ihn behalten willst, dann musst du eine indianische Liebe leben: du triffst dich drei Tage lang in der Mitte des Flusses. Und dann geht jeder wieder an sein eigenes Ufer zurück und weiß, wer er ist.«

Und mit dieser wunderbaren Metapher ausgestattet, fällt mir Beziehung gleich noch einmal so leicht.

Die Drohung der Pharmaindustrie

Ich bin ein Wrack. Und wenn ich es noch nicht bin, dann werde ich es sicher in den nächsten Jahren. Nein, nicht weil ich mit meinem Körper und meiner Seele so schlecht umgegangen bin. Ich tue viel für mich und lebe ziemlich ausgewogen.

 Doch es gibt einen ganzen Industriezweig, der nur dann Profit macht, wenn ich die Botschaft vom unzulänglichen Körper glaube.

Wenn ich mir einreden lasse, dass ich nur dann halbwegs gesund überlebe, wenn ich ständig repariert werde. Am besten vorbeugend. Einfach weil es so ist, dass ich ganz grundsätzlich ein defizitäres Modell bin. Das Einzige, was mich retten wird, sind Tausende von Produkten, die die Konzerne, die an mir verdienen, dankenswerterweise extra für mich und meine Leidensschwestern und -brüder entwickelt haben.

Ich rede nicht von Zahnprothesen, künstlichen Hüften und anderen wirklich nützlichen Hilfsmitteln. Sie sind ein Segen und ersparen uns manches, was unsere Ahninnen als unabwendbares Schicksal erfahren und erleiden mussten.

Ich meine diese Dauerdrohung, dass meine Knochen brechen, dass mein Hirn und mein Herz mich im Stich lassen werden, wenn ich nicht dieses oder jenes Medikament vorbeugend und zum Wohle der Pharmaindustrie einnehme.

Wenn ich Zucker habe, dann muss ich mich nicht gesünder ernähren und Sport betreiben, dann gibt es ja die einfache Insulinspritze, die viel weniger Disziplin erfordert, und der hohe Cholesterinspiegel bekommt als Gegenspieler einfach den Fettsenker.

Altersflecken, Altersakne, Altersschwindel, Altersdepression, was für ein Segen, dass unsere Wohltäter für alles ein Mittelchen entwickelt haben. Eine Pille fürs Herz, eine Pille für den Kreislauf, eine Pille gegen Arterienverstopfung …

Und während ich warte, dass dieses defizitäre Reststückchen meines Lebens zu Ende geht, nehme ich zehn verschiedene Medikamente für eine bessere Lebensqualität.

Die Apparate- und Befundmedizin hat längst das Hören auf Körper und Seele verdrängt. Die Ärzte werden von einer Industrie bedrängt, die auf alles eine Antwort weiß. Ihre Zeit, sich um die Befindlichkeit der Patienten und Patientinnen zu kümmern, wird nicht bezahlt.

Wer an selbsterfüllende Prophezeiungen glaubt und daran, dass unsere Gedanken mächtig sind und Realität erschaffen, sollte besser keine Werbung sehen oder lesen, sondern lieber reisen, lachen, im Garten arbeiten, ins Fitness-Studio gehen, frisches Gemüse essen, gute Gespräche führen und sich daran erfreuen, dass das Leben schön ist.

PS: Und natürlich sind manche Medikamente auch nützlich und können unser Leben verlängern. Dafür danke!

PPS: Und diese Unterscheidung zu treffen, sollten wir dringend lernen!

Von reifen Waschmaschinen und reifen Frauen

Ich mag dieses Wort, das so treffend mein Wesen beschreibt: »Einmalig« – mich gibt es nur einmal! Niemand sieht genauso aus wie ich, niemand spricht genauso wie ich, niemand fühlt so wie ich, niemand erobert das Land des Lebens genauso wie ich. Einmalig! So wie jede und jeder von uns.

Heute lese ich dieses magische Wort »einmalig« auf dem Prospekt des Waschmaschinenherstellers, dem ich seit Jahren treu bin. Er feiert sein hundertjähriges Bestehen und macht mir das »einmalige« Angebot, eine neue Waschmaschine zum Jubiläumspreis zu kaufen.

Das trifft sich gut, denn unsere Veteranin hat gestern ihren Geist aufgegeben. Ich setze mich gemütlich mit einer Tasse Kaffee aufs Sofa und studiere den Prospekt.

Doch leider ist die Waschmaschine, die mir am besten gefällt, bereits besetzt. Auf diesen strahlend weißen Geräten, die mir angeboten werden, sitzen nur junge schöne Frauen. Oder lehnen fantastisch gestylt lässig an ihrer Seite. Was sie da tun, ist nicht zu sehen, denn schmutzige Wäsche gibt es weit und breit nirgends. Mein Waschtag findet im bequemen Schlabberlook statt, aber das scheint nicht das Problem zu sein.

Ich bin grundsätzlich ausgeschlossen, weil ältere Frauen

offensichtlich nicht mehr waschen. Jedenfalls kommen wir auf diesen Hochglanzbildern nicht vor.

Aber wer wäscht dann für uns?

Bei Männern, die in diesem Prospekt ebenfalls nicht vorkommen, ist das bekanntermaßen anders. Für die waschen traditionellerweise die Frauen. Wie es sich gehört in der heutigen Zeit, auch wenn sie einen Arbeitstag hinter sich und die Kinder ins Bett gebracht haben.

Haben Frauen dann ein gewisses Alter erreicht und ihre Männer sich vielleicht ohnehin schon eine jüngere Frau gesucht, gilt das Jubiläumsangebot für sie nicht mehr.

 Es ist zwar ehrenhaft, als Waschmaschine schon hundert Jahre auf der Welt zu sein. Als Frau ist das wirklich ein Problem.

Aber schon bietet sich in meiner Fantasie eine gute Lösung an. Ich stelle mir vor, wie einmal in der Woche eine dieser wunderschönen jungen Frauen, die auf meiner Waschmaschine, die ich eigentlich kaufen wollte, herumlümmelt, bei mir läutet und mir anbietet, meine Schmutzwäsche zu waschen. Oder noch besser einer dieser jungen Männer, die auf den Prospekten nicht vorkommen.

Keine kurzen Röcke mehr?

Der Juror in einer Fernsehshow hat es geschafft, dass sich die halbe Nation mit ihm beschäftigt. Sein Kurzrockverbot für Frauen jenseits der fünfzig erregt mediales Aufsehen. In einem Interview begründet er es mit einem Hinweis auf seine Mutter, die er ungern so gekleidet sähe. Natürlich nicht.

 Eine erotische Mutter ist ja auch das Letzte, was sich ein Mann im zeugungsfähigen Alter wünschen kann.

Mütter sollen Kittelschürzen tragen, an denen sich ihre erwachsenen Kinder ein Leben lang festhalten können.

Ist der kurze Rock tatsächlich eine Frage des Alters? Ist er nicht eher eine Frage des persönlichen Geschmacks und der gesellschaftlichen Haltung? Dürfen Frauen nicht bis ins hohe Alter erotische Wesen sein und es zeigen, wenn sie das wollen?

Ich erinnere mich an ein Foto von mir als Neunzehnjährige. Hinter mir der Hydepark, an mir ein pinkfarbener Rock, der diesen Namen nicht verdient, weil er kaum mehr als ein kleines Stück Stoff war, das knapp meinen Hintern bedeckte. Mein leichtes Übergewicht damals stammte übrigens nicht vom Heimweh, sondern vom Danish-Pastryshop in der Londoner Conduitstreet, der jeden Tag nachmittags um fünf Uhr alle Brötchen zum halben Preis verkaufte. Jeder Modeberater hätte bei meinem Anblick aufgejault. Vielleicht auch, weil ich zu allem Überfluss eine blaue Schirmkappe aus Plastik trug.

Ich kann auf jeden Fall von mir sagen, dass sich mein Geschmack seither weiterentwickelt hat. Ja, und ich trage kurze Röcke, wenn ich Lust darauf habe. Und: Ich kenne einige ältere Frauen, bei denen ich es schade finde, dass sie ihre hinreißenden Beine dezent verbergen, weil »es sich nicht mehr gehört«. Und ich fühle mit all jenen, denen ihr Unglück über ihr Alter ins Gesicht geschrieben steht, so dass sie ohnehin weder mit einem kurzen noch mit einem langen Rock attraktiv aussehen.

Doch so einfach ist die Rebellion gegen das Programm der grauen Hüllen nicht. Der Abstieg in die »beigefarbene Gediegenheit« begegnet uns nicht nur in den Boutiquen, sondern auch seit Jahrhunderten in fast jedem Roman, in dem ältere Frauen vorkommen.

Doch als ich mich gerade in Bitternis über so viel Unterbewertung unserer Schönheit suhlen will, ruft meine junge Freundin Sabine an.

»Hey, du sollst die Frauen doch ermutigen! Erzähl ihnen von Vivian Westwood.«

Da schien die Sonne wieder. Diese weltberühmte verrückte Alte hat mit ihrer Mode die Laufstege erobert und zuletzt sogar das Ballett des traditionsreichen Wiener Opernballs frech ausgestattet. Ihr eigenes Outfit ist so bunt und schrill, dass man sie noch vor ein paar Jahrzehnten dafür in die Psychiatrie eingeliefert hätte.

 Ich will kein Plädoyer für die »bunten Alten« abgeben, sondern ein Plädoyer für persönliche Freiheit.

Wir dürfen tragen, was wir wollen, und wenn es eine pinkfarbene Stoffblume im grauen Haar zu pinkfarbenen Stöckelschuhen ist, finde ich das auch wunderbar.

Zuletzt gesehen bei Marina, einer älteren Redakteurin des Österreichischen Rundfunks. Als sie meinen Blick sah, sagte sie mit einem herzlichen Lachen: »Weißt Du, in unserem Alter wird man nur noch bemerkt, wenn man jemanden umbringt oder vor einen Bus läuft. Deswegen bin ich gegen das Mottenfarbige. An dem Tag, als ich fünfzig wurde, habe ich beschlossen, dass ich mir nichts mehr scheiße.« Für alle, die solche ordinären Ausdrücke nicht kennen: » … dass ich mich um die öffentliche Meinung nicht mehr kümmere.«

Die Redakteurin bekommt Schützenhilfe, auch wenn die porträtierten Ladies in einer österreichischen Fernsehsendung in England leben. Wir sehen in »Alt – na und! Leben ohne Limit« sechs wunderbare, freche, mutige Frauen, Durchschnittsalter achtzig, die jenseits üblicher Bekleidungsvorstellungen ihren Alltag so prall und lebendig gestalten, wie es ihnen gefällt. Knallgelbe Ohrringe, rosageblümte Doc Martens, auffallende Hüte – Ausdruck ihrer ungezähmten Lebenslust.

Wer gern noch mehr freche, »unverschämte« Frauen kennenlernen möchte, kann sich auf der internationalen Plattform »senior planet« umschauen.

Es geht also nicht um kurz oder knielang, nicht um bunt oder grau, sondern einzig darum, dass wir den Mut haben, uns so anzuziehen, wie wir uns selber gefallen. Und das ist keine Frage des öffentlichen Geschmacks.

Ein Traum in kleinen Schritten

Ich habe das Buch auch gelesen. Und seither träume ich von diesem Weg, den Paulo Coelho als Seelenwaschprogramm so genial beschreibt. Ich kaufe Bücher, Karten, vergleiche Terminkalender (den meines Mannes und meinen eigenen), hoffe, warte, bin enttäuscht, dass es wieder nicht passt. Zu erschöpft, zu beschäftigt, doch lieber Ayurvedakur, dann Umzug ... Die berechtigten Gründe und bequemen Ausreden sind vielfältig.

Und irgendwann, es sind inzwischen Jahre vergangen, fange ich an, meinen Traum kleiner zu backen, und höre auf, darauf zu warten, dass »der große Wurf« kommt.

Ich werde den österreichischen Jakobsweg in Etappen gehen. Hier einmal zwei Tage, dort einmal drei Tage und dann vielleicht noch eine Woche dazu. Der Traum bleibt Traum. Auch wenn er sich aus kleinen Schritten zusammensetzt.

Dann kommen die Verhinderungsdämonen. Ich kenne sie gut, sie haben einen Namen: Bequemlichkeit, Unschlüssigkeit, Unklarheit.

Wozu Rucksack schleppen, wenn meine heißgeliebte Schwiegermutter, die beste Köchin aller Zeiten, mitten im Nationalpark »Kalkalpen« wohnt. In der Früh vom gedeckten Frühstückstisch weggehen, am späten Nachmittag wiederkommen, ein Hühnerschnitzel mit Vogerlsalat, eine heiße Dusche, ein weiches, frischbezogenes Bett. Wer will da noch mühsam mit acht Kilo auf dem Rücken querfeldein latschen?

Und dann packt mich an einem Sonntag im September plötzlich der Mut. Schon mein Vater konnte meine Spontaneität nicht ausstehen. In Sekundenschnelle eine Entscheidung treffen und dann losstürmen. Er nannte mich eine »närrische Nudel«. Carl, meinem Mann, geht es wahrscheinlich ähnlich mit mir.

Ich bin dennoch entschlossen. Jetzt geht es für mich darum, endlich die Verantwortung für meine eigenen Wünsche zu übernehmen. Der Rucksack ist gepackt, Jakobswegbuch oben drauf, keine detaillierte Wanderkarte, weil gerade Sonntag ist und ich sie nirgends kaufen kann. Egal. Der Wienerwald, unser grünes Tor nach Westen, ist hoffentlich gut beschildert.

Da ruft mein Bruder Siegi an.

»Ich trommle gerade alle zusammen, wir machen eine kleine Wanderung.«

»Alle« sind meine Geschwister und deren Partner. Ich bin erleichtert. Mein einsamer Start wird mir mit einer Eskorte versüßt. Wir brechen gemeinsam auf, ich bin aufgeregt und glücklich. Nach zwei Stunden sind wir bei der ersten Jausenstation angekommen. Wir essen, wir trinken, wir reden über die Verschönerung des Familiengrabs, und dann hole ich meinen Jakobswegführer heraus.

Einstieg in Purkersdorf, lese ich. Leider sind wir in Perchtoldsdorf aufgebrochen. Die beiden Orte vor den Toren Wiens sind ungefähr einen Tagesmarsch voneinander entfernt. Dazwischen lebt ein Teil der zwei Millionen Menschen, die laut Statistik die Weltstadt Wien bevölkern. Ich bin kurz entmutigt.

Dann kommt Freude auf. Ich, die es noch nie geschafft hat, ein Rezept so zu kochen, wie das Kochbuch es vorschlägt, warum soll gerade ich den Jakobsweg so beginnen, wie er im Buch steht?

»Ich gehe trotzdem«, sage ich und trinke mir mit einem gespritzten Weißwein noch Mut an.

Allein im Wienerwald. Mir wird ein bisschen mulmig. Die Wege werden einsamer, in meinem Buch stehen viele Zahlen, und es gibt viele Beschilderungen. Ich bin verwirrt. Wiener Stadtwanderwege, Europäische Weitwanderwege, Rundwanderwege …

Dann sehe ich eine dicke Markierung nach Mariazell. Soll ich vielleicht lieber diesen sicheren, ausgetretenen Marienpfad entlangwandern? Diesen Weg, den jährlich Tausende von Wien aus gehen. Jeder Schritt gut dokumentiert, jedes Gasthaus darauf eingerichtet, Wanderer zu versorgen …

Es ist vier Uhr nachmittags. Ich bleibe stehen und warte. Ich weiß, dass manche Fragen sich lösen, wenn ich einfach still bin. Nach einer Weile höre ich Schritte. Eine Frau in Turnschuhen, ungefähr in meinem Alter, kommt auf mich zu.

Ja, sie kenne sich hier aus, sie wird mich ein Stück begleiten und mir erklären, wie ich quer durch den Wienerwald in Richtung Westen wandern kann.

Als es fast Abend ist, zeigt Hanni auf einen Weg bergauf und sagt: »Für dich geht es jetzt hier lang, aber du kannst gerne bei mir übernachten, ich wohne nicht weit von hier.« Ich trete unschlüssig von einem Bein aufs andere. Vor mir ein steiler Weg zur Wiener Hütte in ein ungewisses Niemandsland. Neben mir meine Beschützerin und die Verlockung auf ein sicheres Bett.

Hätten wir es nicht leichter, wenn wir bei den Wegen, die wir einschlagen, ein Stückchen in die Zukunft schauen könnten? Wenn wir wissen dürften, was diese oder jene Handlung bedeutet und was daraus folgt? Wenn uns immer bewusst wäre, dass wir ständig unser Leben neu konstruieren?

Ein paar Tage später werde ich wissen, dass diese Entscheidung ganz klare Folgen haben wird. Aber noch denke ich kurzsichtig. Ich sehe nur die unmittelbaren Faktoren und entscheide mich. Es ist inzwischen fast achtzehn Uhr, die Sicherheitsbedürftige besiegt die Nomadin. Ich habe meine erste Pilgerherberge gefunden.

Hanni und ich wandern dem Ort zu, in dem sie wohnt. Ich bin froh, dass ich nicht allein in der Fremde bin. Doch als mein Pilgerbett immer näher rückt, kommt es mir plötzlich absurd vor, hier vor den Toren Wiens zu schlafen, wenn eine halbe Autostunde entfernt mein Mann, mein Bett, mein Badezimmer wartet.

»Ich muss zurück«, sage ich.

Hanni nickt nur und holt ihren Autoschlüssel hervor. »Ich fahre dich, du bist zu müde.«

Und dann bin ich wieder zu Hause. Den schweren Rucksack habe ich umsonst geschleppt. Jetzt brauche ich kein Waschzeug, kein frisches T-Shirt, keine Reservewanderhose, kein Pflaster, keine weichen Schuhe, in denen meine wandermüden Füße sich erholen können. Ich ziehe einfach meinen bequemen Bademantel an, schütte eine große Portion »Muskelbad« in meine Wanne und lege mich nach einem guten Abendessen mit Carl ins Bett. Herrlich.

Es kommt der zweite Pilgertag.

Der Jakobsweg von Österreich bis nach Santiago de Compostela wird vermutlich mein Lebenswerk. Eine Muschel auf

74

dem Rucksack, die zweite in der Geldtasche, bringt Antonio, mein Sohn, mich nach Kaltenleutgeb zur Wienerhütte, und unterwegs ruft Anna, meine Tochter, an.

Ich bin dankbar für meine Familie und setze beruhigt meine Reise fort, im Rucksack wieder alles, was ich brauche, um ein paar Tage unterwegs zu sein.

Gedanken kommen und gehen, ich lasse sie gleichmütig weiterziehen. Alles ist einfach. Einen Fuß vor den anderen setzen, den Rucksack auf der Hüfte tragen, damit die Schultern nicht belastet werden, manchmal einen Schluck aus der Wasserflasche trinken. Die Welt reduziert sich auf mich und den Wald. Die Wege sind gut beschildert, ich brauche die Karte, die ich noch schnell in einer Buchhandlung gekauft habe, noch nicht.

Irgendwann, ich habe das Gefühl für die Zeit verloren, geht der Weg bergab und öffnet sich plötzlich in eine Weite. Ein schönes, großes, weißes Anwesen am Wegrand, ein offenes Tor. Eine Klosterschwester sitzt auf einem kleinen Traktor und fährt an Rosenbeeten vorbei auf mich zu.

»Ich bin auf dem Jakobsweg«, sage ich, um mein Eindringen in ihr Reich zu mildern.

Sie stellt sofort den Motor ab und winkt einer anderen Schwester, die gerade aus dem Haus kommt.

»Ganz allein?«, fragt sie, und ich höre ihr Erstaunen in der Stimme.

Ein Pater aus einer Gemeinde in der Nähe, der gerade zu Besuch kommt, stellt sich dazu und nennt seinen Namen. Ich höre ihn nur noch aus der Ferne.

Das »ganz allein« hat mein Herz ganz tief im Inneren getroffen.

»Sie sind mutig«, sagt die zweite Schwester und plötzlich merke ich, wie mir die Tränen in die Augen schießen.

Ich bin nicht mutig. Ich sehne mich nach Carl, ich möchte diesen Weg lieber mit ihm gehen, und gleichzeitig weiß ich, dass es gut und richtig ist, dass ich alleine hier bin. Das kleine Mädchen im Widerstreit mit der Erwachsenen, die Sicherheitsbedürftige mit der Nomadin, der sanfte Fisch mit dem wilden Schützen. Wie so oft.

Der Pater fragt mich nach meinem Namen.

Ich sage mit kleiner Stimme: »Renate, die Wiedergeborene.« Und richte mich dann auf.

Er nickt und sagt: »Der Herr segne Ihre Reise, wir werden Sie von nun an in unsere Gebete einschließen.«

Ich spüre, dass seine Worte echt sind. Er berührt die Muschel auf meinem Rucksack, die beiden Frauen tun es ihm gleich und sprechen einen Segen für mich. Ich höre ihre Worte und fühle mich plötzlich wieder glücklich und beschützt. Der Pater und die Schwestern umarmen mich, und ich drehe mich ganz schnell um und verstecke mich hinter meinem großen Rucksack, weil mir vor Dankbarkeit die Tränen kommen.

Ich will nicht dem »Herrn« dienen, mein Gott ist eine Wesenheit, die keinen Männernamen trägt. Aber ich spüre die Gelassenheit in mir, dass ich getragen bin. Von was auch immer. Ich brauche keinen Namen. Für mich ist diese Pilgerreise eine Begegnung mit mir und mit dem Größeren in mir und rund um mich.

Mein Weg führt mich durch einen kleinen Ort an einem Wirtshaus vorbei. Ich spüre kurz dieses Nagen im Magen, das nichts mit Hunger zu tun hat. Diese unstillbare Sehnsucht nach Nahrung. Es ist wie eine alte Erinnerung. Wenn ich im Stress bin, esse ich.

»Nein«, sage ich zu mir. »Wir essen jetzt nichts. Es ist nicht notwendig, alles ist gut.«

Im Wald ist es wieder ganz still. In mir auch. Ich fühle mich leicht und sicher, und als ich einem dicht mit Beeren gefüllten Brombeerstrauch begegne, sage ich zu mir: »Siehst du, es wird für uns gesorgt.«

Es ist wieder vier Uhr nachmittags. Wie gestern bin ich wieder mitten im Wald und allein. Vor mir in der Ferne eine Wegkreuzung. Ich weiß, wenn ich jetzt falsch gehe, bringe ich mich vielleicht in Gefahr. Zwei Männer kommen einen steilen Weg herauf. Im ersten Moment erschrecke ich. Dann berühre ich meine Muschel auf dem Rucksack. Ich bin eine Pilgerin, meine Muschel ist gesegnet, nichts wird mir geschehen. Die beiden Männer suchen Pilze und sind sehr freundlich. Sie erklären mir den Weg nach Baunzen, dort muss ich hin.

In dem kleinen Ort, der kein Zentrum erkennen lässt, steht eine Frau am Fenster eines modernen Hauses und nickt mir zu. Ich frage sie nach dem Weg nach Purkersdorf, und sie wundert sich über meinen schweren Rucksack. Wanderer im Wienerwald haben üblicherweise kein großes Gepäck.

»Jakobsweg«, strahlt sie. »Das hat mich schon immer interessiert, das möchte ich gerne auch einmal machen.«

Sie sagt es mit sehnsüchtiger Stimme, als wäre es ein Traum in einer fernen Zukunft, und zeigt mir dann den Weg.

Ich gehe auf dieser Straße und weiß, dass ich auf dem Weg nach Hause bin. Wieder ist Wien so nah, dass es mir eigenartig vorkäme, mich hier vor den Toren der Stadt, die diesen Ort schon fast verschlungen hat, in ein fremdes Bett zu legen.

In meine Gedanken hinein hupt ein Auto und bleibt dann stehen: »Schnell, steigen Sie ein«, sagt die Frau von vorhin, als ich ihr erzähle, dass ich nach Hause will. »Ich hole meine Tochter vom Bahnhof ab. Der nächste Zug fährt in drei Minuten. Wenn Sie ihn versäumen, müssen Sie eine halbe Stunde warten.«

Dann wieder für eine Nacht zu Hause. Carl isst mit mir zu Abend. Wir sind in Frieden miteinander, auch wenn es im Moment für Innigkeit nicht reicht. Ich kann's verstehen. Morgen bin ich wieder weg, auch wenn ich in Gedanken ganz oft bei ihm und unserer Beziehung bin. In Dankbarkeit.

Der dritte Pilgertag bricht an.

Ich stehe am Westbahnhof und warte auf meinen Zug. Heute ist Weltfriedenstag. Um zwölf Uhr mittags werden sich auf der ganzen Welt Menschen verbinden, jede und jeder in seiner eigenen Zeitzone, und für den Frieden beten.

»Was kann ich für den Weltfrieden tun«, ist eine der großen Fragen in diesen Tagen, in denen eine Horrormeldung die andere jagt. Krieg, Geiselnahme, Terror als Dauergäste zum Frühstück.

»Finde den Frieden in dir und verändere damit die Welt«, ist die Antwort einer der großen Meditationslehrer, die mir in den Sinn kommt.

Es ist kurz vor zwölf Uhr. Wenn ich wirklich mutig wäre, könnte ich mir jetzt Gehör verschaffen und diese vielen Menschen, die hier auf Züge warten oder von Zügen ausgespuckt werden, in einen Kreis bitten und eine Schweigeminute für den Frieden vorschlagen. Aber ich bin nicht so mutig, also beschränke ich mich darauf, einzelne Passanten daran zu erinnern.

Endlich lande ich auf dem Bahnhof in Purkersdorf. Dort kann ich wieder mit den vielen Schildern nichts anfangen und gehe einfach der Schönheit nach. Über einen Platz, in eine kleine Gasse, durch einen alten Torbogen.

Zwei Frauen sitzen auf einer Holzbank auf der Straße vor einem kleinen Geschäft. Sie lächeln mich an, ich lächle zurück, sie erklären mir den Weg und beneiden mich.

»Das wollte ich schon immer«, ein Satz, der mir inzwischen schon sehr vertraut ist.

»Und wie wäre es mit einem Traum in kleinen Schritten?«
Ich stelle die Frage und kenne für mich die Antwort.

 Ein Traum in kleinen Schritten kann eine Sehnsucht erfüllen, die sonst vielleicht nie den Boden der Realität erreicht.

Ich stapfe los und bin wieder allein im Wald. Es ist früher Nachmittag, wo sind die Menschen? Ich habe nicht erwartet, so nahe an einer Millionenstadt so viel Stille zu finden. Als Antwort auf meine Frage kommt plötzlich Wind auf. Er spricht zu mir durch die Bäume. Sie rauschen und erzählen mir, dass ich niemals allein bin.

Dennoch fahre ich am Abend mit dem Zug wieder nach Hause. Zu nahe sind meine Lieben, zu einsam erscheint mir ein Abend allein.

Mein vierter Wandertag findet nicht statt. Ich mache Frühstück für Carl und mich, fühle mich am richtigen Platz und folge dem Impuls, dass ich jetzt nach Hause gehöre.

Gestern Abend habe ich noch lange mit Anna, meiner Tochter, geredet. Sie verarbeitet gerade, dass ein Pfadfinderkollege im Sturm von einem Baum erschlagen wurde, und hat in den letzten Wochen viel durchgemacht. Gereift, erwachsener und gleichzeitig entspannter nach ihrer Leidenszeit, saß sie an meinem Badewannenrand und erzählte mir aus ihrem Leben. Offen, bereit, froh, dass ich da war.

Ich entscheide mich, für ein paar Tage zu Hause zu bleiben, meine Erlebnisse aufzuschreiben und nächste Woche wieder zu wandern.

Das Telefon läutet: »Wo bist du gerade auf deiner Wanderung?«, fragt meine Freundin Marietta, die mich in Gedanken begleitet hat, und klingt aufgeregt.

»In Wien«, sage ich. »Ich mache eine Pause«.

Sie schweigt. Lange. Dann sagt sie: »Paulo Coelho geht heute vom Kloster Göttweig nach Melk und weiht den österreichischen Jakobsweg ein.«

»Ich hätte mit ihm wandern können«, sage ich und fälle mein Urteil über mich, ohne es auszusprechen. Versagerin, hängt am Rockzipfel der Familie, zu wenig mutig, der eigenen Vision nicht gefolgt …

Ich hole meine Landkarte und mein Buch. Ich hätte tatsächlich Paulo Coelho in Göttweig begegnen können. Perfekte Intuition?

Ich wüte eine Stunde mit mir und werde dann ganz ruhig. Soll ich mich dafür loben, dass ich nach so vielen Jahren des Geredes über den Jakobsweg punktgenau so losgehe, dass die Möglichkeit bestanden hätte, Paulo Coelho auf meiner Wanderung zu begegnen? Oder soll ich mich dafür loben, dass ich gespürt habe, dass es heute wichtig war, zu Hause bei meiner Familie zu sein?

Keine Antwort, sondern Punkt. Ich habe mich entschieden,

dass ich gestern Abend die Herberge gegen eine Fahrkarte nach Wien getauscht habe.

Was es gut, war es schlecht? Ich weiß es nicht. Aber es war mein Weg. Also war es gut für mich.

 Es ist, wie es ist. Am passenden Tag, zur passenden Stunde. Und manchmal ist der Plan gut, aber die Zeit noch nicht reif. Und manchmal ist die Zeit reif, aber der Mut noch nicht groß genug.

Fressen mit neuem Ausblick

Statt »fressen« könnte ich natürlich eleganter »zu viel essen« sagen. Aber wer so wie ich im Stress, im Unglück und manchmal auch im besonderen Glück versucht, sich mit Essen zu stabilisieren, der weiß, wovon ich spreche.

Alle anderen, die dieses Phänomen nicht kennen, können diese Geschichte überblättern.

Ich habe mit vierzehn Jahren meine erste Diät gemacht, mit achtzehn zusätzlich Abführpillen genommen und mit einundzwanzig, als Twiggy gerade modern war, mich auf ein Maß heruntergehungert, das ich heute nur als krank bezeichnen kann.

 Mit dreißig hatte ich aus meiner heutigen Sicht eine hinreißende, ausgewogene Figur – mit dem Nachteil, dass ich es selber nicht wusste und mir auch damals zu dick vorkam.

Heute gefalle ich mir deutlich besser, wenn nicht diese verdammten vier Kilo wären, die ich mir jedes Jahr anfresse und dann immer wieder mühsam abarbeiten muss.

Den psychologischen Teil der Geschichte habe ich längst gut durchgekaut. In meiner Familie gab es wenig Erfreuliches. Der Krieg hatte alles zerstört, das Thema hieß »Wiederaufbau«, da war für Zärtlichkeit und Zeit für Kinder wenig Platz. Das Ein-

zige, was es immer gab, war das warme, gemeinsame Mittag-
und Abendessen.

Bis gestern dachte ich, dass ich mein altes Muster, das seit
fünfzig Jahren immer wieder einmal auftaucht, konsequent
bekämpfen muss. Ich weiß natürlich, dass Essen als Trost und
um meine aufgewühlten Gefühle zu bewältigen nichts nützt.
Was aber nichts daran ändert, dass ich mich im Megastress mit
Käsebroten und warmem Apfelstreuselkuchen zu beruhigen
versuche.

Heute Morgen, als ich meinen Kaffee schwarz, ganz ohne
meine geliebte Schlagsahne, trank und die tausendste »Ent-
schlackungskur« mit dem Hinweis ankündigte, dass ich diesmal danach nicht mehr zunehmen werde, hat mein Mann Carl,
der mir seit fünfundzwanzig Jahren bei meinen Auf und Abs
zusieht, zum ersten Mal einen Kommentar dazu abgegeben:
»Und warum glaubst du noch immer, dass es diesmal anders
sein wird, dass du diszipliniert dein Gewicht halten wirst, das
du jetzt abnimmst?«

Es entstand ein bewegender Dialog, der einen alten Kampf,
den ich seit meinem vierzehnten Lebensjahr als Stellungskrieg
gegen mein Essmuster geführt habe, beendete.

Ich akzeptiere von nun an, dass ich manchmal fresse. Das ist
Teil meines Lebens, und ich höre auf, mich dafür zu verurteilen. Der Satz: »Reiß dich doch zusammen«, mit dem ich mich
beschuldige, wenn ich »versage«, wird aus meinem Vokabular
gestrichen.

Ich bedanke mich bei meinem Körper, dass er die Kilos, die
dabei unvermeidlich dazukommen, so klug verteilt, dass ich
auch dann noch eine BOW (Beautiful Old Woman) bin. Und
ich entschuldige mich bei ihm, dass ich ihn ungerechterweise

auch noch für die Fettpölsterchen, die ich ihm zugemutet habe, beschimpft habe.

Wenn der Stress wieder vorbei ist, entlaste ich meinen braven Körper und esse ein paar Tage gezielt weniger, damit sich mein Gewicht wieder normalisieren kann. Ich warte nicht mehr, bis sich die Summe der stressigen Ereignisse – in diesem Jahr waren es der Tod meiner Mutter, eine aufregende Erbschaftsangelegenheit, mein Roman, der fertiggestellt werden musste – zu vier Kilo purem Fett verdichten, das ich dann mühsam wieder schmelzen muss.

Einige Fragen bleiben übrig.

Was ist mein echtes Wohlfühlgewicht?

Wie werde ich aussehen, wenn ich aufhören kann, an mir herumzukritisieren?

Was wird passieren, wenn ich mehr zuhöre, was mein Körper mir sagt, und ihn nicht mehr den Bildern unterwerfe, die ich mir von ihm mache?

Für einen Augenblick kommt Trauer auf: Es gab bis vor Kurzem noch nie eine Zeit in meinem Leben, in der ich meinen Körper uneingeschränkt bejaht habe. Es gab immer die Verurteilung wegen dieser »Kilos zu viel«, auch damals, als ich jung und sehr schlank war.

Doch jetzt gibt es einen neuen Ausblick!

Fressen ist okay.

Ohne Urteil, ohne Beschuldigung.

Ein paar Tage Disziplin danach sind auch okay.

Sie machen das Leben leichter.

Und darum geht es.

Die Kirche und ich

»Wo ist deine Frau Sarah?«, fragt Jesus Abraham, als er bei ihm Rast hält und unter einem Baum fürstlich bewirtet wird. »In der Küche, wo sonst«, antwortet er. »Deine Frau wird dir übers Jahr einen Sohn gebären«, sagt der Sohn Gottes. »Ein Sohn, ein Sohn, ein Sohn«, jubelt Abraham.

Endlich ein Sohn, der in die Fußstapfen des Vaters treten kann.

Der alte Pfarrer, der als Vertreter Christi die Geschichte von der Kanzel predigt, jubelt, als wäre er selber der zukünftige Vater, und merkt offensichtlich nicht, dass zwei Drittel der Gläubigen, die ihm zuhören, Frauen sind.

Ich sitze mit meiner Mutter, damals wusste ich noch nicht, dass es das letzte Mal sein würde, in ihrer Lieblingskirche. Auch sie wundert sich nicht. In ihrer Welt ist es normal, dass Männer Vorrang haben, dass Frauen ihnen zu Diensten sind. Dass wir weniger wert sind, weil wir im »falschen« Geschlecht geboren sind. Als Dienerinnen, so wie Maria auch.

Deshalb dürfen wir auch nicht Priesterinnen werden.

Jesus wollte das so sicher nicht. Er war der Liebe verpflichtet, und es kann gut sein, dass es jenseits von Maria Magdalena noch mehr Frauen gab, die ihm gefolgt sind und die den gleichen Rang wie die Apostel hatten.

Aber was ist mit uns Frauen in der heutigen Zeit?

Wieso haben wir nicht schon längst rebelliert?

Wenn all jene, vor allem ältere Frauen, die unentgeltlich den Betrieb Kirche am Laufen halten, geschlossen ihre Arbeit niederlegten, dann wäre eine Revolution nicht mehr aufzuhalten.

»Gottes streitbare Töchter« werden die feministischen Religionswissenschaftlerinnen genannt, die sich dafür engagieren, dass das Bild Gottes sich von einer männlichen Darstellung entfernt, die so nicht vorgesehen war. Jedenfalls nicht in der Bibel, wie sie ursprünglich ausgelegt werden sollte.

 Gott ist in ihrem Bild kein Mann, der strafend seinen Zeigefinger hebt und uns Frauen sagt, dass wir minderwertig sind.

Sie engagieren sich dafür, Gott als polare Einheit von männlichen und weiblichen Zügen zu zeichnen.

Worauf warten wir also noch?

Keine Religion der Welt kann uns zwingen, Menschen zweiter Klasse zu sein. Niemandem steht es zu, sich zwischen uns und Gott zu stellen, der ebenso gut eine Göttin sein könnte.

Papst Franziskus hat sich den Armen verschrieben. Von Frauenrechten hat er bisher noch nichts gesagt.

Aber immerhin hat er als erster Papst in der Geschichte des Vatikans eine Umfrage unter den Gläubigen gestartet, die beeindruckend zeigte, wie unzufrieden sie sind.

Mein erfülltes Leben hat vor elf Jahren begonnen

»Warum ich mit sechzig Jahren angefangen habe zu studieren? Ich war fast mein ganzes Leben lang Hausfrau und Mutter und nach meiner zweiten gescheiterten Ehe unglücklich und depressiv. Da habe ich mir überlegt, was ich tun könnte, wozu man keinen Mann braucht. Lernen, habe ich mir dann gedacht. Das wollte ich schon immer. Und dabei ist ein Mann doch nur im Weg.«

Sie lacht mit ihrer hellen, frischen Stimme ins Telefon, und als ich eine Woche später vor dem Gebäude stehe, in dem sie arbeitet, werde ich magisch von einem großen, roten Schild angezogen, das im Erdgeschoss in einem Möbelladen ausgestellt ist:

Live simply

Laugh often

Love much

Dream big

Das steht in Großbuchstaben drauf, und ich weiß schon jetzt, dass die Einundsiebzigjährige zumindest der letzten Empfehlung gefolgt sein muss.

Gertraud kommt mir schon am eleganten Empfang entgegen, strahlt übers ganze Gesicht und begrüßt mich mit einem festen Händedruck. Dann wird sie ernst und sammelt ihre vielen Lachfältchen wieder ein. Prüfend schaut sie mich mit ihren haselnussbraunen Augen an. Es ist ein freundlicher Blick, und gleichzeitig spüre ich, dass sie eine Frau ist, die gelernt hat, nicht automatisch zu vertrauen. Das Lächeln kehrt zurück. Erste Prüfung bestanden.

Sie führt mich in einen funktionell ausgestatteten Raum und bezieht die großzügige Gestaltung der Steuerberatungskanzlei, in der sie vierzig Stunden in der Woche arbeitet, mit einer gewinnenden Geste mit ein.

»Dass ich nach meinem Jurastudium hier gelandet bin, war das Beste, was mir in meinem Leben passieren konnte! Ich bin so glücklich wie noch nie! Die letzten elf Jahre haben mir gezeigt, dass es in jedem Alter möglich ist, noch einmal ganz von vorne anzufangen.«

Ein Mann, vielleicht um die vierzig oder fünfzig, geht vor dem Besprechungszimmer mit den edlen Glasfronten vorbei. Sie winkt ihm.

»Das ist einer meinen beiden Chefs, ich verdanke ihm viel!«

Er kommt herein, setzt sich kurz zu uns und lacht: »Mein Partner und ich haben die Zahl auf der Bewerbung für die Matrikelnummer ihres Studiums gehalten und waren dann total verblüfft, als Gertraud zur Vorstellung kam und wir gemerkt haben, dass es ihre Altersangabe war. Wir sind froh, dass wir ihr eine Chance gegeben haben. Sie ist eine unserer besten Mitarbeiterinnen und bei ihren Klienten und Kollegen sehr beliebt.«

Die Spezialisierung verdankt die »alte Studentin« einem Professor: »Er sagte mir damals, wenn ich einen sicheren Job wolle, dann sollte ich Steuerrecht wählen, die Absolventen gingen weg wie die warmen Semmeln.«

Gertraud, die in ihrem zyklamfarbenen Wollkleid über der schmalen, schwarzen Hose und dem dezent rötlich gefärbten kurzen Haar frisch und sehr lebendig aussieht, wechselt das Thema, als sie meine Blicke bemerkt.

»Die Tönung heißt Mahagoni, und ich achte bei meiner Kleidung immer darauf, dass ich pfiffige Schnitte und schöne Farben trage. Das macht fröhlich und sieht gut aus.«

Übergangslos nimmt sie wieder den Faden unseres Gesprächs auf.

»Ich habe nie daran gedacht, dass ich eine Chance haben könnte, mit meinem Jurastudium etwas anzufangen. Ich wollte studieren, um mich von meiner Depression abzulenken, doch dann habe ich mir gedacht: Es gibt ja nicht nur frische, sondern auch aufgebackene Semmeln, und habe in Rekordzeit meinen Abschluss gemacht.«

Was so einfach klingt, war am Anfang eine kaum zu bewältigende Herausforderung.

»Ich hatte keinen Vater, er ist im Krieg gefallen, und meine Mutter hat gesagt, dass Mädchen keine Bildung brauchen, weil sie sowieso heiraten. Ich war die Klassenbeste und habe mit zehn Jahren bitterlich geweint, weil ich nicht aufs Gymnasium durfte. Mathematik war eines meiner Lieblingsfächer, und in Algebra habe ich seitenweise Fleißaufgaben gemacht und war traurig, als die Übung zu Ende war. Mit vierzehn Jahren, ohne das ersehnte Gymnasium, musste ich eine Bürolehre machen und habe dann bis zum ersten Kind als Sekretärin gearbeitet. Mein Beruf hat mir nie gefallen.

 Dass ich mit sechzig dann endlich studieren konnte, war wie ein Wunder für mich.

Aber ich musste dazu eine Studiumsberechtigungsprüfung ablegen, um das fehlende Abitur zu ersetzen. Das war noch leicht, im Vergleich dazu, was mich dann erwartete.

Als ich auf die Uni kam, hatte ich noch nie eine E-Mail geschrieben und wusste nicht, wie das Internet funktioniert. Am Anfang gab es dann gleich Rechtsinformatik, und ich wäre am liebsten gleich wieder nach Hause gefahren. Ich saß mit fünfzig Studenten in der Vorlesung und musste mich ständig dafür entschuldigen, weil ich zu langsam war. Bis ich verstanden hatte, welche Taste am Computer ich drücken soll, war die Professorin schon wieder einen Schritt weiter. Sie war sehr nett und hat auf mich gewartet. Und am Ende habe ich in diesem Fach die zweitbeste Abschlussprüfung gemacht.

Jura studieren keine Alten. Meine Kollegen waren fast alle vierzig Jahre jünger als ich, aber wir haben uns gut verstanden, und ich habe meistens mit zwei jungen Burschen gelernt. Unter diesen jungen Menschen habe ich mich sehr wohlgefühlt und konnte nach kurzer Zeit meine Tabletten gegen Depressionen absetzen. Neben mir gab es nur einen einzigen älteren Herrn, der ist aber mitten im Studium gestorben.«

Als frisch gebackene Absolventin ging Gertraud strategisch vor und bewarb sich bei allen Steuerberatern an ihrem Wohnort. Als es keinen Job, aber ein paar freundliche Absagen gab, machte sie weiter und dehnte ihre Suche auf die Nachbargemeinden aus.

»Ich ließ nicht nach, bis ich etwas gefunden hatte. Ich bin Mindestrentnerin mit einer Pension von sechshundert Euro. Der Gedanke, dass ich um Unterstützung betteln und mich auf Ämtern anstellen müsste, Ausgleichzulagen, Heizkostenzuschuss, Telefongebührenbefreiung beantragen … Das war mir so zuwider, dass ich nicht aufgegeben habe.«

Die erlösende Einladung zu einem Vorstellungsgespräch bei ihren beiden Chefs war der Anfang zu einer beruflichen Karriere, die Gertraud für vieles entschädigte, was schwer war in ihrem Leben.

»Ich war früher eigentlich immer unglücklich. Schon als Kind. Meine Mutter konnte mir keine Zärtlichkeit geben und hat mich nur gelobt, wenn ich sehr gute Noten hatte. Ich war immer traurig, wenn ich andere Kinder mit ihren Vätern sah. Und wahrscheinlich habe ich mir erhofft, dass mein erster Mann mir diese ganze vermisste Liebe gibt und mir den Vater ersetzt, den ich nie hatte. Als meine Sehnsucht nicht erfüllt wurde, habe ich Trost in den Kindern gefunden. Sieben habe ich geboren, und ich liebte es, diese warmen, wunderbaren Wesen im Arm zu halten. Ich war nicht überlastet, ich habe durch die große Aufgabe mein Unglück verdrängt. Später habe ich auch noch versucht, mich mit einer steirischen Ziehharmonika zu trösten, und habe vier Jahre lang oft mehrere Stunden am Tag geübt. Aber ich war zu unbegabt.

Nach meiner Scheidung habe ich mich Hals über Kopf in einen Bergbauern verliebt. Ich habe zu spät bemerkt, dass er mich nur geheiratet hat, damit ich ihn aus seinem Dreck herausziehe. Er hatte große Probleme, von denen ich ihn befreit habe. Das hat mich viel Kraft gekostet. Und als ich damit fertig war, hat er sich eine Jüngere gesucht und mich aus dem Haus vertrieben. Er war meine große Liebe, ich war ganz unten in einem tiefen Loch, depressiv und lebensmüde.

Seine Probleme waren juristische, sie waren so unsäglich, dass ich als Studienrichtung Jura gewählt habe, weil ich verstehen wollte, wieso es möglich ist, dass Gerichte so unmögliche Entscheidungen treffen.

Während meines Studiums, meine Kinder waren schon erwachsen, ist mir das Schlimmste passiert, was einer Mutter geschehen kann: Mein jüngster Sohn ist mit zwanzig Jahren ums Leben gekommen. Er hat in einem Skiort Gastgewerbeassistent gelernt, und eines Morgens haben sie ihn im Schnee in einer schmalen Seitengasse des Hotels gefunden. Er sei nach einer Mischung aus Alkohol und Drogen eingeschlafen und in der Nacht erfroren.

Das war so furchtbar, und ich weiß, dass mir im Leben nichts Schlimmeres mehr passieren kann! Ich bin nach der Beerdigung sofort in die Uni gefahren. Wenn ich nicht mein Studium gehabt hätte, wäre ich zerbrochen.

Der ganz große Schmerz hat nach ungefähr zwei Jahren aufgehört. Aber ein Restschmerz und die Sehnsucht nach diesem Kind bleibt bis zu meinem Tod. Immerhin kann ich inzwischen sagen: Heute ist ein schöner Tag, es geht mir gut.«

Gertraud dreht sich ein Stück von mir weg und wischt sich verstohlen die Tränen aus den Augen. Dann steht sie auf und wechselt ganz schnell das Thema.

»Kommen Sie, ich möchte Ihnen meinen Arbeitsplatz zeigen!«

Sie grüßt nach rechts und links zu ihren Kolleginnen, mit denen sie sich ein Büro teilt.

»Am Anfang, als ich mich eingearbeitet habe, bin ich nie zu denselben Kollegen gegangen, wenn ich etwas wissen wollte. Ich wollte sie nicht belasten. Ich habe mit Buchhaltung begonnen, und jetzt mache ich überwiegend Steuererklärungen und Vermietungen.

Jeder glaubt, dass dieser Beruf trocken ist, dabei ist meine Arbeit so spannend wie ein Kriminalroman. Ich lerne die Lebensgeschichten meiner Klienten kennen, ich muss wissen, ob sie ledig sind oder geschieden, ob sie mit Partnern oder Partnerinnen zusammenleben. Ich bin ein Zahlenmensch. Mir macht es Spaß, mit den Computerprogrammen zu arbeiten.«

Ihre Augen leuchten, sie ist ganz in ihrem Element und wirbt für ihren Beruf, als müsste sie mich dafür gewinnen, ebenfalls eine neue Karriere zu starten.

»Ich habe, als ich hier anfing, gleich noch zwei Zusatzprüfungen gemacht, die nichts mit meinem Studium zu tun hatten. Wollen Sie mein Buchhaltungsprogramm sehen, es ist echt unglaublich, was das alles kann!«

Wir sitzen gemeinsam vor ihrem Computer, und ich verstehe nur Bahnhof, begreife aber, dass ich meine Steuerberaterin nicht mehr für ihre langweilige Arbeit bedauern muss.

Ihre Augen strahlen, als sie betont, dass sie das gern macht, vierzig Stunden in der Woche.

»Je mehr ich gefordert werde, desto besser geht es mir seelisch. Wenn ich eine große Pension hätte, würde ich vielleicht stattdessen Sprachkurse machen. Englisch kann ich gut, ich lese viel, und im Sommer werde ich mit dem Alpenverein eine vierzehntägige Wanderung an der Küste von Cornwall machen. Da frischt sich die Sprache wieder auf. Aber Türkisch und Italienisch würden mich auch noch interessieren. Dann könnte ich eine türkische Familie zum Kaffee einladen und mit ihnen sprechen.«

Dann wechselt sie das Thema: »Gegen einen neuen Mann in meinem Leben hätte ich auch nichts einzuwenden. Es wäre mir egal, ob er Geld hat, in erster Linie wünsche ich mir, dass er mich gern hat. Das habe ich in meinen beiden Ehen vermisst. Und er müsste sich damit abfinden, dass ich arbeite. Aber ein solcher Mann ist höchst unwahrscheinlich, und ich suche ohnehin nicht, ich bin auch so zufrieden.«

Sie schaut auf das mit Schokolade gefüllte Croissant, das ich ihr mitgebracht habe.

»Das esse ich später gern. Ich muss auf einiges verzichten, um meine Figur zu halten. Dabei schmeckt mir alles, was viele Kalorien hat. Schokolade, Chips, Käse und Wurstbrote. Meine Mutter war dick, ich war als Kind dick. Ich weiß, wie man sich fühlt, wenn man übergewichtig ist. Dort will ich nie mehr hin!

Ich bin sehr diszipliniert und habe ja auch mein Studium in weniger als der Mindestzeit von vier Jahren gemacht. Aber den jungen Menschen sage ich immer: Nehmt euch an mir kein Beispiel, genießt euer Leben! Ich hatte damals einfach nichts Besseres zu tun und wollte aus meinem Loch heraus. Jetzt bin ich jedes Wochenende in den Bergen, das erfüllt mich, dieses Sein in der Natur, das macht mich ruhig.

Meine Kinder sind sehr stolz auf mich, dass ich ein neues Leben angefangen habe. Sie finden, dass ich ganz was Besonderes bin.

Meine Pläne für die Zukunft?

Ich möchte so mit meinem Körper, meiner Seele und meinem Geist umgehen, dass ich möglichst lang fit bleibe.

Als ich vor elf Jahren begonnen habe zu studieren, hat sich mein Leben von Grund auf geändert. Ich bin zum ersten Mal in meinem Leben erfüllt und zufrieden. Die sieben Jahre, die ich jetzt bei meiner Firma bin, sind die glücklichsten meines Lebens.

Lache oft, liebe viel, träume groß

Es riecht nach Rosenblättern und nach Kerzen, die vor Kurzem erst gelöscht wurden. Ich kenne den Mann nicht, dessen Foto, umgeben von Blütenkränzen mit letzten Wünschen, auf einem Metallständer steht. Er ist nicht alt geworden, und ich nicke ihm entschuldigend zu, als ich mich auf einen Stuhl am Rand der Aufbahrungshalle setze. In meiner Kindheit bin ich hier immer ganz schnell vorbeigegangen, weil mir die »Leichenhalle«, wie sie damals genannt wurde, unheimlich war.

Draußen geht ein Platzregen nieder. Darf ich in diesem Haus einfach nur Zuflucht suchen, weil ich nicht weiß, wohin mit mir, ohne Schirm und bei kaum mehr als drei Grad über null?

Es gibt keinen Sarg und keine Urne in dem schlichten Raum. Einfach nur die Blumen und das Foto. Und der Gedanke an den Tod. Ich bin in meinem Heimatort und habe auf dem Friedhof das Grab meiner Eltern und Großeltern besucht, in dem auch mein Bruder Reinhard liegt, der starb, noch ehe ich geboren war.

Jetzt sitze ich einfach da, an diesem Ort der Stille, und nach einer Weile wird es ganz ruhig in mir. Und plötzlich bin ich mir dessen bewusst, dass ich in fünfzehn Jahren achtzig sein werde. Fünfzehn lange kostbare Jahre und vielleicht noch mehr …

Und doch so wenig, wenn ich auf die lange Zeit zurückblicke, die es mich schon gibt.

Ein paar Stunden früher kam ich zufällig am Haus meiner Großeltern vorbei, in einem Vorort der Stadt, in der ich geboren bin. Ich war hier schon seit mehr als vierzig Jahren nicht mehr.

Die Straße, die als Kind mein Spielplatz war und in der wir unwillig mit unserem Ball zur Seite gingen, wenn eines der seltenen Autos kam, ist so schmal, dass ich mir wie im Puppenland vorkomme. Die meisten Häuser, die ich wiedererkenne, ducken sich zwischen den modernen, teuren Villen, die anzeigen, dass sich der Funkenbühl zu einer »guten Gegend« entwickelt hat.

Dann stehe ich vor dem Gartenzaun des alten Hauses, das nun nackt ist, weil ihm jemand das Efeukleid weggenommen hat. Ich sehe mich als kleines Mädchen an der Hand meiner geliebten Omama. Sie bückt sich mit mir zu einer seltenen Pflanze in ihrem Blumenbeet hinunter, und ich spüre die Liebe dieser Frau, die mir so wichtig war.

Die Blumen sind nicht mehr da. Wer immer hier inzwischen wohnt, hat kein Gefühl für diesen Garten oder keine Zeit, ihn zu bewahren und zu pflegen.

Ich schicke der riesengroßen, alten Pappel einen Gruß und gehe weiter. Soll ich traurig oder froh sein? Ich weiß es nicht.

Am Abend im Hotel. Ich liege in der Badewanne, an die Wand gegenüber habe ich das Plakat aus Sperrholz, das ich gestern gekauft habe, gelehnt.

»Live Simply«, steht da.

Ja, mein Leben ist viel einfacher geworden als früher. Wenn sich ein Drama anbietet, mache ich meistens einen großen Bogen und lass es vorüberziehen. Und gleichzeitig merke ich, dass meine Sehnsucht, mich noch mehr mit dem wirklich Wichtigen zu beschäftigen, durch meine Begegnung in der Aufbahrungshalle stärker wird.

»Laugh often«, steht drunter.

Ja, ich lache gern. Aber ich lache noch nicht genug. Diese kindliche Freude, die mir so gut tut, darf ruhig noch wachsen.

»Love much«, lese ich dann.

Ja: Meine Liebe ist tiefer und leichter geworden! Früher, wenn ich geliebt habe, habe ich das Leid gleich mitgebucht. Als ob die beiden zusammengehörten. Das ist ein Punkt, mit dem ich zufrieden sein kann. Dann werde ich nachdenklich. Zeige ich sie genug? Meinem Mann, meinen Kindern, meinen Freunden, die mir wichtig sind …?

»Dream big«, steht am Ende.

Da steige ich aus der Wanne, trockne mich ab und setze mich mit dem Prospekt für das Training zum Outdoorguide ins Bett, mein nächster Traum …

Vor einer Woche habe ich meiner Familie davon erzählt. Ich will diese Ausbildung machen und dann mit Menschen in der Natur arbeiten.

Die Kommentare waren so richtig ermutigend: »Bist du sicher, dass du mit diesen jungen Leuten in den Bergen herumkraxeln willst, bis du total erschöpft bist?«, sagte Carl, mein Mann.

»Mama, das ist ein tolles Programm, aber bist du sicher, dass du nicht unglücklich sein wirst, wenn du nicht alles schaffst?«

Nur Anna, meine Nomadentochter, die meine tiefe Liebe zur Natur geerbt habt, fand den Plan »richtig cool«.

Ich hole mir ein Glas Wein und sehe mir noch einmal die bunten Bilder an: eine Woche Kajakfahren in Schweden, von Insel zu Insel, Wandern über die Alpen, Kochen im Wald, Kanufahren auf dem Fluss, Schneeschuhwandern auf dem Berg… Meine Nomadin jubelt.

 Ich werde einfach leben, viel lachen, die Natur lieben und mir meinen Traum erfüllen.

Wir im Fernsehen und im Kino

Fernsehansagerinnen verschwinden von der Bildfläche, wenn sie älter werden. Der Kollege, der jahrelang an ihrer Seite stand, bekommt dann eine neue, jüngere, die er unter die Fittiche nimmt und mit väterlichem Charme anlächelt, noch ehe die Kameras abgeschaltet sind. Sie schaut dafür dankbar zu ihm auf und versichert ihm mit einem kleinen, bewundernden Blick, dass er noch attraktiv ist. So geht das Spiel.

Und wir vor dem Fernseher spielen alle mit. Auch ich habe noch an keinen Sender geschrieben, dass ich endlich eine mindestens sechzigjährige Sprecherin verlange, weil ein wertvoller Teil unserer Bevölkerung auf dem Bildschirm nicht repräsentiert wird.

Im Kino läuft das ein bisschen anders. Da verschwinden zwar auch viele ältere Schauspielerinnen einfach von der Bildfläche. Doch es gibt Gott sei Dank einige, die noch immer präsent sind und hervorragend spielen. Manchen von ihnen würde ich dafür gern einen Oscar verleihen, wenn ich etwas zu sagen hätte.

Was die Inhalte der Filme angeht, hätte ich noch ein paar Verbesserungsvorschläge. Die Drehbücher könnten optimistischer sein, damit wir nicht hauptsächlich als hormongesteuerte alte Drachen dargestellt werden, die sich von Bild zu Bild ihrem Untergang entgegenarbeiten.

Zum Beispiel Iris Berben im Fernsehen in einem Film, dessen Titel ich mir nicht gemerkt habe. Interessant, schön, attraktiv. Wie immer. Doch diesmal leidet sie. Der Ehemann schaut in die Zeitung, anstatt auf ihren Busen. Außerdem geht er wahrscheinlich fremd. Die Kinder betrachten sie als Haushälterin, die sie mit ihren Launen belästigt, obwohl sie nur wollen, dass der Kühlschrank gut gefüllt ist.

Als ihre Mutter nach einem Schlaganfall dement ist, besucht sie sie täglich im Pflegeheim, während ihre egoistische Schwester in Amerika Pferde züchtet und ihr Liebesleben pflegt.

Der einzige Lichtblick ist der Pfleger. Dreißig Jahre jünger, an ihr sehr interessiert, aber leider wegen schlechten Gewissens als Gemütsaufheller nicht geeignet.

Damit ihre Altersdepression genug Futter bekommt, geht sie häufig zum Friseur. Dort trifft sie auf andere Frauen, die über den Lauf der Dinge jammern. Über das schlappe Interesse der Männer, schlappe Oberarme und die programmierte Hoffnungslosigkeit.

Obwohl auch ich schon deprimiert bin, bleibe ich vor der Glotze sitzen, warte auf die glückliche Wende und stelle Vermutungen an.

Sie nimmt ihren Rucksack, lässt ihre Familie stehen und denkt auf dem Jakobsweg über ein erfülltes Leben nach und was sie wirklich will.

Sie haut mit dem Pfleger ab, macht Urlaub in der Südsee, poliert ihr Selbstbewusstsein auf, wird von ihrer Familie bitter vermisst und bei ihrer Rückkehr endlich geschätzt.

Sie fährt nach Tibet, engagiert sich in einem Waisenhaus und bemerkt, dass Schönheit und Ausstrahlung von Innen kommen und keine Frage des Alters sind … Das Durchhalten vor dem Fernseher hat sich nicht gelohnt.

Am Ende, sie scheint noch immer zu glauben, dass sie alt und hässlich ist, obwohl sie mich mit ihrer geballten Attraktivität beeindruckt, kommt ein kleines Trostpflaster. Ihr Mann, der sich bisher durch emotionale Abwesenheit ausgezeichnet hat, legt den Arm um sie und sagt ihr, dass alles nicht so schlimm sei … Ob das für ein erfülltes Leben reicht?

Einige Tage später gehe ich ins Kino, und das triste Fernsehbild wird durch den Kinofilm »Les Beaux Jours« (Die schönen Tage) wieder geradegerückt. Die großartige Fanny Ardant spielt eine knapp sechzigjährige Zahnärztin und hat sich unüberlegt selbst in Pension geschickt, während ihr vermutlich um einiges älterer Mann weiter ganz wichtig am Arbeitsleben teilnimmt.

Weil zur selben Zeit ihre beste Freundin an Krebs stirbt, verfällt sie in eine Sinnkrise, aus der ihr die beiden Töchter heraushelfen wollen, indem sie ihr einen Gutschein für »schöne Tage« schenken. Es ist ein Gutschein für eine »Alteneinrichtung«, in der der Sinn des Lebens darin besteht, sich mit Töpfern, Schauspiel, Tischtennis und Computerkursen damit abzufinden, dass man aus dem Arbeitsprozess aussortiert ist und plötzlich zu einer Gruppe gehört, die keinen Fanclub hat.

Caroline findet tatsächlich eine erfüllende Tätigkeit: Sie wird die Geliebte des jungen Informatiklehrers, der ihr eigentlich beibringen soll, wo sie ihr Netzwerkkabel einstecken kann. Hinreißend und unverfroren ist ihre »Amour fou«, die sie nur mangelhaft vor ihrem Mann versteckt. Der empört sich: »Dieser Mann ist im Alter unserer Töchter, hast du dich schon einmal angeschaut?« Was sie mit dem trockenen Satz quittiert: »Nein, denn er schaut mich an.«

Es endet so, wie alle vernünftigen Liebesaffären zwischen Menschen, die Generationen trennen, enden. Es bleibt eine schöne Erinnerung für die Genießerin und ein Weckruf für den Ehemann, der spät, aber doch, erkennt, dass seine Frau kein Möbelstück in seinem wohlsortierten Leben ist.

Und noch einmal Fernsehen.

Diesmal von Inga Lindström aus der wundervollen Schnulzenkiste der keineswegs schwedischen, sondern deutschen Fernsehautorin, die erholsamen Kitsch auf die Mattscheibe zaubert. Weil ein Frauenschicksal auf jeden Fall damit aufwarten muss, dass gedient wird, sehen wir auch in diesem Film die perfekte Dienerin. Denn ohne diese aufopfernde Tätigkeit kommt kaum ein Film aus, in dem eine Frau die Hauptrolle spielt.

Ich sehe eine Folge, in der Hanna, hervorragend gespielt von Diane Krüger, Geburtstag hat. Sie ist sechzig geworden, und ich beschließe bei ihrem Anblick, dass ich mir die DVD besorge und sie meiner Schneiderin vorspiele. Ich will auch so ein hinreißendes Kleid haben mit großen, roten Blumen und diesem Ausschnitt, der die Brüste betont.

Das Landgut ist wunderbar, der Mann ist wunderbar, die Kinder sind wunderbar. Wir sind in einem Märchen vom glücklichen Älterwerden in einer schwedischen Kulisse.

Aber warum muss Hanna ganz selbstverständlich ihr Geburtsfest selber vorbereiten und die aus Stockholm anreisenden Kinder rund um die Uhr bedienen? Das muss wohl in ihrer weiblichen Natur liegen …

Als Gerald, ein befreundeter Arzt, sie bittet, mit ihm ein Hilfsprojekt in Afrika aufzubauen und in ihrem erlernten Beruf als Krankenschwester zu arbeiten, winkt sie ab: »Gustav braucht mich, das kann ich ihm nicht antun.«

Ihr Mann Gustav, wohl etwas älter als sie, arbeitet natürlich noch immer erfolgreich weiter, obwohl er schon in Pension ist, und genießt es, dass er eine warmherzige, fürsorgliche Ehefrau hat und dass seine Sekretärin jung und schön ist. Auch als Hanna durch einen Zufall entdeckt, dass Annika nicht nur seine Sekretärin ist, bleibt das Bild von der glücklichen Familie ungetrübt.

Vorerst.

Hanna sitzt am selbstgedeckten Geburtstagstisch im Kreise ihrer Lieben, lässt ihren Mann eine schöne Rede halten auf die vielen gemeinsamen Jahre, die noch kommen werden, und lächelt warmherzig, so wie man es von ihr seit Jahrzehnten gewöhnt ist. Dann steht sie auf und hält ihre eigene Rede. Von den guten Zeiten, die sie genossen hat, von den vielen Jahren, in denen sie eine gute Ehefrau und Mutter war, von den Änderungen, die jetzt kommen werden, und dass es jetzt endlich um sie selber geht.

In der letzten Szene steigt Hanna ins Auto und fährt zum Flughafen. Ihr Ziel ist Afrika. Es ist ein alter Traum, den sie sich erst jetzt erfüllen kann, weil Gustav ja gut versorgt wird, von Annika.

Weil auch Gustav sehr sympathisch ist, freuen wir uns für die beiden, dass er zutiefst erschüttert ist, Annika sofort verlässt und Hanna darum bittet, sie in Afrika besuchen zu dürfen … Nein, Gott sei Dank bleibt sie jetzt nicht doch zu Hause, sondern fährt zum Flughafen und wird sich ihren Traum erfüllen. Und ob Gustav sie besuchen darf?

Das sagt der Film uns nicht. Aber die Blicke von Gerald sind eindeutig. Und plötzlich wissen wir, dass – entgegen der landläufigen Meinung – auch tolle ältere Frauen noch die Wahl haben.

Und noch einmal Kino.
Meryl Streep hat, seit sie älter ist, ein Abonnement auf tragische Frauenfiguren. Die sie so hinreißend gut spielt, dass es absolut ungerecht ist, dass sie für den Film »Im August in Osage County« nur für den Oscar nominiert wurde, ihn aber nicht bekommen hat.

Wahrscheinlich deswegen, weil alte, tablettensüchtige Furien mit wirrem Haar einfach unsympathisch sind, auch wenn sie herausragend dargestellt werden.

Ihr Film-Mann sieht natürlich noch immer sehr gut aus, obwohl er auch alt ist, und entzieht sich der Unannehmlichkeit, dass sein Alkoholismus ihn demnächst zerstören wird und er seine krebskranke Frau pflegen müsste, durch Selbstmord. Auf diese Weise bleibt er uns als schöner, alter Mann in Erinnerung. Seine Frau Violet hingegen gibt sich der Zerstörung bis zum bitteren Ende hin. Es war eine schwierige Rolle, sagt Meryl Streep, und ich glaube ihr aufs Wort. Man braucht eine unglaubliche Größe und sicher auch einige Überwindung, um eine so zerstörte, zynische, missgünstige, hässliche alte Frau zu spielen.

Die Dialoge im Film bedienen das alte Klischee: Männer reifen, Frauen werden hässlich. Und weil es so ist, sehen wir den Beweis auch gleich in der nächsten Generation. Violets Tochter, gespielt von Julia Roberts, wird von ihrem Mann für eine Jüngere verlassen – weil sie so hart geworden sei, sagt er.

Eine winzige Hoffnung bleibt mir: Es kann sein, dass dieser Film als Persiflage gemeint ist. Dann ist er wirklich ein Leckerbissen für alle, die es genießen, wenn Klischees bedient werden.

 Ich wünsche mir, dass wir wilden, weisen Frauen bei unserem persönlichen Ranking für Filmempfehlungen strengere Maßstäbe anlegen als bisher.

Dann wären die Kinos plötzlich halbleer bei Filmen, die uns nicht gerecht werden, und die Fernsehquoten würden ins Bodenlose sinken. Bessere Drehbücher entstehen auch durch einen veränderten Publikumsgeschmack.

Göttinnenreisen

Alle paar Jahre brechen meine Freundin Marietta und ich auf zu einer Göttinnenreise.

Es ist eine ganz besondere Zeit, und am Ende der Reise steht immer ein Ziel, das einer Göttin würdig ist. Auf dem Weg dorthin folgt ein Augenblick dem anderen. Wir wissen nicht, wo wir Rast machen werden, ob eine Begegnung mit Menschen, Tieren, Pflanzen oder lockenden Kirchtürmen unsere Route verändern wird. Wir können keine Stunde nennen, zu der wir ankommen, und manchmal nicht einmal den Tag. Wir lassen uns führen von unserem Göttinnensein und achten auf jedes noch so kleine Zeichen. Manchmal ist es ein Wegweiser, der uns anzieht, manchmal ein Satz, den ein Mensch auf unserer Reise sagt, manchmal winkt uns ein Baum oder ein Teich und lädt uns zum Verweilen ein.

Und so begegnen wir dieses Mal auf unserer Reise einem stillen See, der vom Tourismus fast verschont geblieben ist, obwohl seine Schwesterseen belastet sind von Beachpartys, Imbissbuden und teuren Hotels am Strand.

Wir werden weggeführt von einem Gasthaus an seinem Ufer, das zwar romantisch liegt, aber dessen Wirtin uns zu verstehen gibt, dass sie »den Platz für ihre Hausgäste braucht«. Wir lachen Tränen, als Marietta ihr antwortet, dass sie gar nicht wusste, dass der See so klein ist, dass Platznot ausbricht, wenn zwei Menschen mehr darin schwimmen. Und weil die herbe Wirtin uns dankenswerterweise abgewiesen hat, gelangen wir zu einem verzauberten Ort, der uns willkommen heißt.

Ein wunderbarer Strand mit alten Bäumen und einer verwitterten Bank, auf die wir unsere Kleider legen. Und als wir ins Wasser gleiten, spüren wir, dass wir wieder einmal gut geführt worden sind. Im Restaurant mit Seeblick erwartet uns der beste Tisch, und hinter uns im Garten stehen wie Wächterinnen Engelfiguren aus Gips.

Und dann, nach diesem erfüllten Nachmittag, führt uns die Reise weiter durchs Land, abseits der großen Straßen, und wir begegnen am Abend den Dämonen, die uns die Göttinnenreise verpatzen wollen. Auch darüber können wir lachen, allerdings erst am nächsten Morgen.

Drei Mal schickt uns »Frau Navi« mit sicherer Stimme zur vorübergehend gesperrten Autobahn nach München. Beim vierten Mal merken auch wir, dass wir immer nur im Kreis gefahren sind.

Inzwischen ist es stockdunkel geworden, und wir haben Mühe, unser Quartier irgendwo im Niemandsland zu finden, weil wir der Stimme aus dem Navigationssystem nicht mehr vertrauen.

Am nächsten Morgen sitzen wir, allen Widerständen zum Trotz, pünktlich um zehn Uhr im Seminarraum und sind bereit für den zweiten Teil unserer Göttinnenreise.

Forscherin im eigenen Land

Niemand hat mir gesagt, wie ich gut alt werden kann. Meine Mutter und meine Großmutter kann ich nicht mehr fragen. Beide sind schon tot und haben ihr eigenes Lied so leise gesungen, dass sie es selbst kaum hören konnten. Das Lied ihrer Männer hat ihr Leben bestimmt und ihren ureigensten Tanz zum Verstummen gebracht. War das der Grund, warum sie im Alter in ihren eigenen Welten verschwunden sind und vieles vergessen haben?

Meine Forscherin ist neugierig und hat keine Angst davor, genau hinzusehen. Sie begleitet mich schon lange und beobachtet alles, was passiert, während ich mich zur weisen Alten wandle.

Jetzt sitze ich in diesem Seminar mit dem schönen Titel: »Erdenfrau, Sternenfrau« und will mich an meine Verbindung zwischen den beiden Welten erinnern. An diese Weisheit in mir, die uns Frauen vertraut war, bevor sie im Feuer verbrannt wurde. An unsere Ahninnen aus alter Zeit, die noch wussten, dass wir Heilerinnen sind.

»Diese Heilerinnen haben sich noch für Kräfte zur Verfügung gestellt, die größer sind als wir«, sagt Cambra Maria Skadé, die weitgereiste Schamanin mit bayrischen Wurzeln. »Sie wurden zur Knochenflöte, durch die der Wind blies und sein Lied spielte. Dieses Lied sangen sie in die Welt, und es brachte Lebenskraft und Heilung. In unseren Knochen ist dieses alte Wissen gespeichert. Wir müssen nur erlauben, dass wir uns daran erinnern.«

Sie schaut mit ihren klaren, blauen Augen jede Einzelne der Frauen an, die rund ums Feuer sitzen, und erzählt dann weiter:

»Jede von uns trägt eine Forscherin in sich. Und diese Forscherin beobachtet nur und wertet nicht. Sie sagt: Ah, du bist frustriert, wie interessant ... Ah, du bist überglücklich, wie interessant ... Ah, du bist zum dritten Mal gescheitert, das ist eine interessante Spur ... Sie gibt den Dingen kein Gewicht, weder dem, was wir als ›gut‹ bezeichnen, noch dem, was wir ›schlecht‹ finden. Sie geht immer neben uns und nimmt das Material, das wir ihr bieten, auf und vergleicht nicht. Das macht uns frei. Die Forscherin lässt uns mit ihrem frischen, offenen Geist dem begegnen, was ist. Und vor allem: Sie unterstützt uns dabei, der zu begegnen, die wir sind. Sie bringt das Staunen wieder in unser Leben. Und dieses Staunen macht unseren eng gewordenen Geist wieder weit, ›Aha!‹, so ist das ...

Ich nenne euch ein Beispiel: Wenn wir eine schwierige Emotion erleben, zum Beispiel Wut, dann können wir die Forscherin rufen und stellen fest, dass wir dieser Wut nicht ausgeliefert sind. Es gibt dann einen anderen Teil in uns, der offen ist und der die Wut einfach wahrnimmt. Aha, eine Wut. Punkt. Wie interessant!

Die Forscherin beobachtet jede Emotion, auch die Angst, und lässt sich nicht von ihr auffressen. Wir haben alle Angst. Immer wieder. Sie gehört zum Leben, aber sie ist nie eine gute Freundin und auch keine gute Beraterin. Aber sie ist eine gute Möglichkeit für Wachstum.

Es gibt viele Ängste. Die Angst vor Veränderung, die Angst vor Verletzung, die Angst vor Einsamkeit, die Angst vor Versäumnis, und letztendlich ist Gier die Angst vor Mangel. Glücklicherweise haben wir nicht alle Ängste gleichzeitig in dieses Leben mitgenommen.

Die Forscherin sagt: Aha, ich habe Angst. Und bewertet und vergleicht nicht. Was da ist, darf sein, und was sein darf, wandelt sich.

Wir haben viele Möglichkeiten, als Königinnen unser eigenes Land neu zu erforschen und uns an unser altes Wissen zu erinnern. Wir müssen nur der Forscherin in uns erlauben, aktiv zu werden.

 Unsere Urkraft geht nicht verloren, weil wir sie nicht haben. Wir verlieren sie, weil wir ihr nicht vertrauen und sie nicht nützen.

Das haben mir die Schamaninnen anderer Kulturen mitgegeben. Wir hier, in diesem entwurzelten Europa, müssen lernen, unseren Bildern und unserer Wahrnehmung wieder zu vertrauen. Aber bei uns kommt ganz schnell der Zweifel, und dieser Zweifel macht uns schwach: Vielleicht bilde ich mir das ein, was ich sehe, ah, vielleicht stimmt das gar nicht, was ich spüre.

Unsere Aufgabe ist es, uns gemeinsam mit unserer Forscherin an alte Heilweisen zu erinnern, an die Heilkraft unserer Hände, an die Heilkraft unseres Wissens, an das Vermächtnis unserer Ahninnen vor langer Zeit.«

Am Ende dieses Tages singen wir gemeinsam unser Seelenlied. Es sind Klänge, die aus unserem Inneren kommen und die keinen Gesangsunterricht brauchen. Sie weben einen Teppich, der uns verbindet.

Herzenswunsch

Ein strahlender Tag. Für unsere Gruppe, mit der ich mittagessen werde, ist im kleinen Café gedeckt. Sechzehn Frauen, die mit Cambra Maria Skadé zu ihren schamanistischen Wurzeln reisen. Draußen, wo die Pflanzen dieser besonderen Gärtnerei, die sie als Seminarplatz gewählt hat, in den Teller hineinwachsen, gibt es ein paar kleine Tische. Ich setze mich und atme den Duft der Kräuter, grüße die Blumen, die mir zunicken, und entscheide mich, für diese Pause mit der Natur allein zu sein.

Eine der Frauen, die das Café führen, kommt und fragt mich nach meinen Wünschen. Dann stutzt sie: »Gehören Sie nicht zur Gruppe?« Und als ich nicke, meint sie: »Dann darf ich Sie bitten hineinzugehen, wir haben für Sie schon gedeckt.«

Ich erkläre, lieber hierbleiben zu wollen, und merke an ihrem Gesicht, dass sie an den durchaus sinnvollen Regeln festhalten will, damit kein Chaos entsteht.

Sie überlegt für eine Weile still und antwortet dann ganz ernst: »Ist das Ihr Herzenswunsch?«

Der Satz bleibt für eine Weile in der Sommerluft stehen, so überraschend und schön kommt er wie ein vergessenes Geschenk in mein Leben. Ich nicke, sprachlos. Und bin berührt, dass sie mich an mein Versprechen an mich selbst erinnert.

 Mein Herz, was willst du?
Wie lange ist es her, dass ich mir diese Frage,
die ich mir jeden Tag stellen wollte,
nicht mehr gestellt habe?

Der Alltag hat sie mit seinem Lärm geschluckt, und mein braves Herz hat sich nicht beschwert, obwohl ich ihm vor langer Zeit versprochen habe, dass es viel öfter mitreden darf. Es ist gewöhnt, dass es nicht in der ersten Reihe steht. Ich war schon als Kind mehr auf Pflichten programmiert und weniger darauf, nachzuspüren, was meine Neigungen sind. Vor allem nicht im Alltag.

Ich will wieder mehr ein Herz und eine Seele und mit mir sein. Nicht nur bei den großen Dingen des Lebens. Wen liebe ich, wie lebe ich, was sind meine Visionen …

Ich möchte, dass auch die kleinen Dinge wieder mehr Herzensqualität bekommen. Ein Mittagessen inmitten von Heilpflanzen, nackt Schwimmen im Lech, der dort, wo wir übernachten, zu einem wunderbaren See gestaut ist.

Ich möchte am Abend mit meiner Freundin Marietta vor der Türe sitzen, einen guten Wein trinken und den Kühen beim Kauen zusehen. Ich habe mir nie Gedanken über diese Tiere gemacht, schließlich kam die Milch immer aus dem Geschäft. Jetzt genieße ich ihre meditative Langsamkeit und lache über den Stier, der uns manchmal ein Ständchen brüllt.

Als wir am Nachmittag mit Cambra weiterreisen und imaginär gemeinsam ein Heilboot besteigen, das uns in eine Welt bringt, in der es Antworten aus anderen Ebenen für uns gibt, höre ich in mir die Sätze:

Singe dein eigenes Lied,

Tanze deinen eigenen Tanz.

In Gemeinschaft.

Und ziehe deine Grenzen.

Später streifen wir durch diese magische Gärtnerei im Schongau, die sich »Blumenschule« nennt, jede Frau auf der

Suche nach ihrem persönlichen Kraftplatz für diese Tage. Ich setze mich an einen Miniaturteich, an dessen Rand duftende Kräuter wachsen. Und als ich nach einer stillen halben Stunde wieder aufstehe, sehe ich inmitten der Pflanzen ein Schild, auf dem »Frauenheilkräuter« steht.

Wir Frauen haben in unserer Geschichte viel zu heilen. Unser ureigenstes Lied, unser ureigenster Tanz ist bei vielen von uns gezähmt worden, und bei manchen von uns ganz in Vergessenheit geraten. Lasst uns Forscherinnen sein, die sich wieder an ihre Urnatur und ihre Herzenswünsche erinnern.

Die Körperhüterin

Es ist früh am Morgen. Meine Göttin will in der Natur baden. Franz, der Bauer, bei dem wir in diesen Tagen wohnen, hat mir gestern den See ganz nah beim Hof gezeigt, der eigentlich ein Fluss ist und der Wasserkraft dient. Als ich ihn am Ufer fragend ansah, zog er sich unbefangen aus, dieser gute Mann, der den Bio-Betrieb mit seiner Frau Angelika mit Hingabe bewirtschaftet, und sagte: »Wir baden nackt. Das Leben ist zu kurz, um den Körper im Wasser mit Kleidern zu belästigen.«

Heute möchte ich allein sein. Mit mir und diesem Fluss. Lech heißt er und ist ein geduldiges Wesen. Er scheint nicht davon belästigt, dass er von Menschen gebändigt worden ist. Von oben sehe ich schon auf sein stilles, klares Wasser, das fast unmerklich fließt. Als ich am Ufer ankomme, merke ich, dass ich nicht allein bin. Ein Mann in einem Kanu steht, mehr als er fährt, auf dem Fluss.

Ich gehe auf ganz leisen Sohlen über die taufeuchte Wiese,

ziehe mich aus und versuche, kein Geräusch zu machen, als ich ins Wasser gleite. Geglückt. Der Mann wendet mir den Rücken zu. Ich bin ein Fisch. Vereint mit meinem Element, glücklich und nackt.

Als ich mich am anderen Ufer des Flusses umdrehe und zurückschwimme, sehe ich wieder den Mann. Er hat sein Boot genau zu meiner Ausstiegsstelle gerudert und scheint auf mich zu warten. Angst kommt auf. Dass seine Augen meinen Körper verletzen, dass er noch Schlimmeres im Sinn haben könnte, als meine Nacktheit zu beobachten. Ich weiß, dass es eine alte Angst ist. Der Mann ist wahrscheinlich völlig harmlos, aber es nützt mir nichts.

Bilder aus meiner Kindheit tauchen auf. Meine Eltern waren immer angezogen. Bis ich zehn war und zufällig meinen Vater nackt sah. Scham und Schande. Ich bin schuld, dass ich ins Elternschlafzimmer hineingeplatzt bin. Wir hatten selbst im Schwimmbad eine »Umkleidekabine«, in der nicht nur die Erwachsenen ihre »Blöße« versteckten. Auch wir Kinder mussten uns im Verborgenen von unseren Kleidern befreien und unsere Badehosen anziehen.

Ich habe mir meine Freude am Nacktsein erst als Erwachsene erobert. Spät habe ich gelernt, dass es ein Genuss ist, wenn meine Haut das Wasserwesen spürt, ohne dass ein nasses Stück Stoff uns trennt. Ich richte dem Mann im Kanu telepathisch aus, dass er wegfahren soll. Er hört mich nicht. Dann denke ich an den guten Bauern, mit dem ich gestern so unbefangen gebadet habe. Wo bist du?, rufe ich. Ich brauche dich jetzt.

Fünf Minuten später, ich bin in der Mitte des Flusses angelangt und überlege gerade, ob ich es wagen soll, ans Ufer zu schwimmen, kommt der Bauer Franz mit dem Rad den schmalen Weg heruntergefahren. Er steigt mit einem strahlenden Lächeln nackt ins Wasser, schwimmt prustend zu mir und lacht: »Du schwimmst wie ein Motorboot.«

Es ist mir egal, ob der Vergleich ein Kompliment oder ein Vermerk über meinen seltsamen Schwimmstil ist. Ich bin einfach nur dankbar für den Zufall, der vielleicht keiner ist. Der Mann im Kajak rudert weg.

Eine Stunde später zündet Cambra wieder das heilige Feuer in unserem rituellen Raum an. Es ist eine Kerze, und als sie spricht, weiß ich, dass es keine Zufälle gibt.

»Heute wollen wir eine Kraft rufen, die für uns in unserem Alltag sehr wichtig ist: Die Körperhüterin, oder vielleicht ist es auch ein Hüter. Es kann ein Tier sein, ein Fabelwesen, was immer bei deiner Reise auftaucht, lass dich überraschen. Sie oder er hütet unseren Körper, diesen heiligen Tempel unserer Seele. Wir können diese Qualität aber auch bitten, den Raum zu schützen, in dem wir leben und arbeiten.«

Meine innere Reise führt mich zu einem Platz in Griechenland, an dem ich vor ein paar Jahren nackt gebadet habe. In einer Felsenbucht, zu der es vom Land keinen Zugang gab. Wie in einer Muschel aus Felsen lag ich da und habe gespürt, dass mein Körper heilig und behütet ist. Jetzt spüre ich es wieder, dieses Gefühl, dass es mehr gibt als mein kleines Ich, das sich um mich kümmert. Die Tiere, die vor meinem inneren Auge auftauchen, setzen sich an meine Seite und sorgen dafür, dass ich heil bin und bleibe.

Danke, Körperhüterin, sage ich nach meiner Reise, dass du heute Morgen bei mir warst.

Die Torhüterin

»Es ist wichtig, dass wir uns öffnen können«, sagt Cambra am nächsten Morgen. »Und gleichzeitig ist es genauso wichtig, dass wir unsere Energietore bewusst schließen können, wenn wir Situationen begegnen, wo wir uns schützen müssen. In einem schwierigen Gespräch zum Beispiel oder wenn wir in der U-Bahn fahren oder durch überfüllte Straßen gehen und die Energie sehr dicht ist. Dafür brauchen wir unsere Torhüterin, oder vielleicht ist es ein Torhüter. Es ist jedoch nicht immer einfach, wachsam zu sein und diese Kraft rechtzeitig zu rufen.

Ich erzähle euch eine Geschichte dazu: Jede von uns hat einen kostbaren, wunderbaren Porzellanladen. Dann taucht plötzlich ein Elefant am Horizont auf und verschwindet wieder. Doch plötzlich ist er wieder da, trampelt durch unseren Porzellanladen und zerstört jede einzelne Tasse, jeden kostbaren Teller. Die Forscherin kommt und sagt: Ah, der Laden ist zerstört, wir bauen ihn wieder auf. Und einige Zeit später taucht wieder ein Elefant am Horizont auf. Wir sehen ihn zwar, aber dann ist er plötzlich da, ohne dass wir gewappnet sind. Aber dieses Mal ist nicht alles kaputt. Wir können eine einzige Porzellantasse und einen Teller retten und bauen den Laden wieder auf. Und so schulen wir immer mehr unsere Wahrnehmung, bis wir den Elefanten schon hören, ehe wir ihn sehen, bis wir spüren, dass die Erde bebt, bevor er kommt.

Wir werden zu Bewusstseinsabenteuerinnen und reisen in Begleitung unserer Seele, unserer Körperhüterin und unserer Torhüterin. Wir lernen, wie wir am besten übers Land kommen, wir sitzen an anderen Feuern und tauschen uns mit unseren Schwestern aus: Wie bist du über die Pässe und Moore gekommen, wie ist es dir geglückt, schwierige Schwellen zu übertreten? Und immer mehr finden wir im Schutze unserer Hüterinnen zu der Frau, die wir sind.

Und wenn uns etwas passiert, was unangenehm ist, dann fragt die Forscherin: ›Wer weiß denn, wohin sich das fügt?‹, denn sie kennt kein Scheitern. Alles, was sie erlebt, ist einfach nur ein Forschungsprojekt.«

Zwei Stunden später. Ich bin zurück von meiner Reise zur Torhüterin, noch ganz erfüllt von diesem kostbaren Schutz.

Auf dem Weg zum Mittagessen begegne ich einer Frau, deren Augen mir schon seit dem ersten Tag vertraut sind. Wir haben noch nicht miteinander geredet, aber sie sitzt mir gegenüber im Seminarraum, und es ist klar, dass unsere Verbindung warm und gut ist.

Wir reden nicht viel. Wir halten einander an den Händen, und alle meine Energietore öffnen sich. In diesem Augenblick kommt eine andere Frau dazu und umarmt Klara, deren Namen ich gerade erst erfahren habe. Klara zögert, dann aber schließt sie die Augen und gibt sich dieser Umarmung hin.

Knall! Ein Elefant im Porzellanladen! Ich stehe verblüfft vor den Scherben. Die beiden Frauen versinken in ihrer Verbindung, und ich bin draußen. Ein kurzer Schmerz. Dann kommt die Torhüterin, schließt meine Energiezentren und führt mich einfach weg.

Später, als die Forscherin in mir die Szene beleuchtet, wird mir klar, dass ich genau diese Situation als Kind erlebt habe. Ein kurzer, inniger Kontakt, ich öffne mich. Und bevor ich mich endlich fallen lassen kann, ist er schon wieder abgeschnitten.

Danke, liebe Torhüterin.

Ich nehme deinen Schutz mit auf meine Reise.

Erst am nächsten Tag, als ich mein »neutrales Herz« kennenlerne, wird mir klar, dass ich, ohne es zu wollen, nach dieser Begegnung vor den beiden Frauen mein Herz verschlossen habe. Auch wenn ich im Kopf weiß, dass ich ihnen dankbar bin für diese starke Erfahrung.

Und noch später fällt ein fehlender Puzzlestein in mein Bild, weil Klara mir die Situation erklärt. Es ging bei dieser Umarmung um Trost, weil ihr ein naher Mensch gestorben war. Mein Herz öffnet sich wieder, und alles ist gut.

Das neutrale Herz

»Heute werden wir dem Spirit der Neutralität begegnen«, sagt Cambra. »Dieser Geist hat nichts mit dem Verstand zu tun, und ihr sollt ihn auch nicht mit ihm verwechseln. Es ist eine Qualität, die ein wenig verwandt ist mit der Forscherin, aber ganz gezielt dazu dient, dass wir es schaffen, unser ›neutrales Herz‹ zu rufen.«

Neutrales Herz. Was für ein schöner Begriff. Ich stelle mir vor, dass mein verletzliches, heißblütiges Herz ein weißes Kleid bekommt, das es in schwierigen Situationen einfach anzieht.

Und Cambra erzählt weiter: »Speziell dann, wenn uns Situationen total nerven und wir in eine starke Wertung gehen, ist es wichtig, das neutrale Herz zu rufen. Zum Beispiel beim Autofahren, an der Supermarktkasse, auf Ämtern oder im Gespräch mit Familienmitgliedern oder schwierigen KundInnen oder KlientInnen.

Meistens bemühen wir uns redlich, wenn wir schon sehr

bewusst sind, in allen Situationen unser liebendes Herz zu bewahren. Doch mit diesem hohen Anspruch scheitern wir oft und werten stattdessen. Früher bin ich sogar manchmal an der Ampel aus meinem Auto ausgestiegen und habe einen Autofahrer beschimpft.

Wenn wir aber unser ›neutrales Herz‹ rufen und mit ihm gemeinsam auf Situationen und Themen schauen, die für uns schwierig sind, dann wird der Raum weit. Dann bleiben wir offen und müssen uns nicht verschließen.«

Als wir nach dieser Reise wie jeden Tag den »Ton übers Land« singen, ist mein Gesang ganz weich. Mein neutrales Herz ist bei mir und singt mit mir ein Lied, das Frieden bringt. Noch weiß ich nicht, dass bald das »ehrenwerte Scheitern« auf mich wartet.

Die blaue Schürze

Mein Vater hatte eine blaue Arbeitsschürze. Sie war noch ganz neu, als ich sie nach seinem Tod in seiner Werkstatt, die er kaum benützt hat, fand. Er war ein Kaufmann und verbrachte sein Leben hauptsächlich mit Zahlen, obwohl er als junger Mann gern Pilot geworden wäre. Von ihm habe ich einen Teil meiner Begabung geerbt, Texte aus meinem Kopf herausfallen zu lassen, denn im Geheimen war er auch ein Dichter und hinterließ, säuberlich in einem Ordner abgelegt, poetische Texte.

Ich wollte seine blaue Schürze in Ehren halten und ihr eine Bestimmung geben, die für mich wertvoll ist. Als Gartenschürze? Aber mein Garten brauchte keine Frau in einer

Schürze. Mein Garten ruft mich, wann er will, und es ist ihm egal, ob ich im Nachthemd, im Stadtkostüm oder in meiner Gartenhose zu ihm komme.

Dann wollte ich sie als Kochschürze ehren. Aber ich koche selten, weil ich schon als Kind nach einem genauen Haushaltsplan in der Küche mithelfen musste. Und so schäle ich meistens nur Kartoffeln und wasche ab, wenn Carl, mein Mann, der gerne kocht, mich mit seinen Künsten verwöhnt.

Und dann habe ich endlich eine würdige Bestimmung für Vaters blaue Schürze gefunden. Sie soll eine Malschürze werden. Sie soll, wenn ich meine Erlebnisse in diesem Seminar in Bildern ausdrücke und meine Reisen nacherzähle, meine Kleider schützen. Im »Malhaus«, das in seinem Alltag ein Gewächshaus der Gärtnerei ist, stehen täglich alle anderen Frauen in ihren Schürzen, mischen Farben und waschen Pinsel aus.

Heute ist der Tag vor meiner Abreise. Ich habe in den letzten Tagen mein rotes Lieblings-T-Shirt, eine kurze Wanderhose und mein schwarzes Kleid mit Farbe bekleckert. Die Schürze habe ich nie zum Malen mitgenommen. Am letzten Abend sagte ich zu meiner Freundin Marietta: »Und morgen mache ich endlich auf die Schürze meines Vaters einen großen Farbklecks.«

Die Schürze ist noch immer unversehrt. Und plötzlich verstehe ich: Mein Vater fand alles, was nicht zielorientiert war, einen »unnötigen Firlefanz«. Er war ein Mann, der den Krieg in seinen Zellen trug und in den Ruinen seines abgebrannten Elternhauses geschlafen hat, damit niemand das kostbare Baumaterial für den Wiederaufbau stiehlt. Er hätte, solange er noch lebte, nicht verstanden, warum eine »erwachsene Frau mit Farben herumkleckern muss«. Vor allem, wo sie es ja gar nicht kann. Ich habe es einfach nicht gewagt, seine blaue Schürze ihrer einzigen sinnvollen Bestimmung zu übergeben.

Doch noch bevor ich Zeit habe, traurig zu werden, beginnt Cambra zu sprechen, so wie jeden Morgen, wenn wir uns am Feuer versammeln.

»Und nimm wahr, dass du als Erdentochter von dieser Mutter Erde so geliebt wirst, wie du bist. Dass du willkommen bist mit deinem Sein. Königin in deinem eigenen Land. Nur du kennst deine Steppen und Wälder, deine inneren Seen und deine Feuer, an denen du dich nährst. Nur du weißt, was genau für dich recht ist und welchem Lied du folgen musst. Nur du. Und wenn manche Ereignisse in dein Leben kommen, die du nicht verstehst, dann wisse, dass sie vielleicht zu einem größeren Bogen gehören, den nur deine alte Seele kennt. Verbinde dich mit ihr und deinen Helferinnen, und geh deinen Weg. Getragen von der großen Mutter, die weiß, dass du genau die bist, die du sein sollst.

Und wenn wir jetzt das Lied unserer Seele singen, dann geht es nicht darum, dass deine Stimme geschult ist und dass du Noten lesen kannst. Und wenn wir jetzt wieder ins Malhaus gehen, dann geht es nicht darum, ob das, was du zu Papier bringst, handwerklich gut ist. Das ist kein Kriterium. Wenn das, was du tust, echt ist und wenn es aus deinem Herzen kommt, dann ist es stark und berührt das Land. Dann kann auch eine singen und malen, die in der Schule ein Ungenügend hatte. Die Heilkraft, der Zauber führt uns zu unserer Essenz. Lass uns neue Räume betreten, wo Bewertungen nicht mehr wichtig sind. Wo das Herz den Gradmesser von Kostbarkeit bestimmt.«

Ich werde meine Schürze mitbringen. Von nun an ist sie ein Symbol für Erlaubnis. Und ich ehre damit auch meinen Vater, der so wenig Gelegenheit hatte, dem Gesang seiner Seele zu folgen. Danke, Papa, du hast mir eine magische Schürze geschenkt.

Die Kraft der Ahninnen

Werde ich ihn mitnehmen, diesen zweiten Namen von mir, den ich hier zum ersten Mal in meinem Leben laut ausgesprochen habe? In einem zuerst fremden, dann vertrauten Land, an einem Feuer, an dem es viele Geschichten gab. Ich habe mich selber überrascht, als ich mich in der Eingangsrunde bei Cambra vor fünf Tagen mit ihm vorgestellt habe: Renate Elisabeth.

»Dein Name ist deine Flagge, mit ihm gehst du in die Welt und sagst: Das bin ich.«

Julia Onken hat diesen Satz gesagt, diese wunderbare Vorreiterin für ein bewusstes Eintauchen in die Wechseljahre. Und jetzt, am Tor zur wilden, weisen Frau werde ich aufgerufen, meine Flagge neu zu überprüfen.

Elisabeth Heiler, so hieß mein Großmutter, als sie noch ein Mädchen war, das sich viel von der Welt erhoffte. Sie trug die Heilerin in ihrem Namen und stand am Funkenbühl, einem Vorort von Bregenz, am Gartenzaun und gab den Frauen in der Nachbarschaft Kräuter und Salben. Ihren Mädchennamen hat sie aufgegeben, weil es damals so üblich und nicht anders möglich war. Und so verschwand die Heilerin aus meiner Ahnenreihe.

Aber nur ihr Name. Meine Großmutter war eine Gärtnerin,

und ich bin es auch. Sie war eine Heilkundige, und ich bin es auch, auf meine eigene Art und Weise. Sie war eine Schreiberin und hat mir ihr Talent vererbt. Bringt es mir Segen, wenn ich von nun an ihren Namen trage, der auch meiner ist? Ich weiß es noch nicht. Meine Forscherin braucht Zeit, um dieses Land zu bereisen.

Denn gleichzeitig war meine Großmutter eine Frau, die ihr Potenzial nicht leben konnte. Die mit einem strengen Mann so viele Kinder hatte, dass immer eines auf ihrem Schoß saß und zwei davon ihr zugewachsen waren, nach dem Tod seiner ersten Frau. Die Gedichte, die sie schrieb, sind in einer Schublade gelandet, und ihr schönes Französisch, das sie in Genf gelernt hatte, verlor sich im Vorarlberger Dialekt, weil ihre Reisen nur noch bis ins Montafon führten, ein früher armes Tal, aus dem ihr Mann stammte.

Und wenn ich nun ihren Namen trüge? Wäre dann all das auch mein Erbe? Wäre die Schwere ihres Lebens, die Vergeudung ihrer Talente, die Kriege, die sie erlebt hat, in unserem gemeinsamen Namen als Erinnerung gespeichert? Und würde jedes Mal, wenn ich ihn nenne, ihr Lied, das sie nie wirklich frei singen konnte, auch zu meinem Lied werden?

Ich nehme ihren Namen mit in mein Leben und ehre ihn. Und ich werde ihn manchmal tragen wie ein Kleid, das neu ist und von dem ich nicht sicher bin, ob es mir wirklich passt.

Am nächsten Tag.

Mächtig und stolz kommt meine zweite Großmutter an meinen Morgentisch.

»Und was ist mit mir?«, fragt sie. »Wann wirst du endlich meine Kraft mitnehmen? Die Berge und Täler des Bregenzerwaldes, die stolze Unbeugsamkeit meines Volkes?«

Und plötzlich kommt ein zweites Lied zu mir. Das Lied dieser Frau, vor der ich mich gefürchtet habe, weil sie so streng war. Ich habe sie als Kind im taubengrauen Kleid an der Kasse des Geschäftes sitzen sehen, das sie ihrem Sohn vererbt hat, ohne es loszulassen. Sie hat nie mit mir gespielt und mir nie gesagt, dass sie mich liebt.

Sie mochte ihre Schwiegertochter nicht, »... diese arme Lehrerstochter mit den ländlichen Manieren«. Also mochte auch ich sie nicht.

Bist du also auch da, Großmutter, sage ich und nenne ihren Namen: Maria Hofmann, geborene Natter.

Bevor sie eine Geschäftsfrau wurde, war sie früh eine Waise, die zurückblieb mit einem Wirtshaus, in dem um fünf Uhr morgens die ersten Gäste Gulasch aßen, bevor sie in die Bregenzerwälderbahn stiegen. Sie musste stark und hart werden, um ihren Platz in dieser Männerwelt einzunehmen. Und diese Härte hat sie in mein Kinderleben gebracht.

Doch wenn ich gerecht bin, Großmutter, dann habe ich auch viel von dir bekommen. Meine Eleganz, wenn ich es will, meine Stärke, mich in einer Männerwelt sicher zu bewegen, meine Klarheit zu sagen, was ich will, meine Geschäftstüchtigkeit.

An unserer Liebesbeziehung muss ich noch arbeiten. Zu schmerzhaft war die nicht enden wollende Kritik an meinem Sein. Du hast mich auch viel gekostet, Großmutter. Ich hatte einen Vater, der nicht wusste, wie man ein Kind liebt, weil er es selber nicht erfahren hat. Du hast mir nie das Gefühl gegeben, dass ich ein wundervolles Wesen bin. Akzeptiert war ich dann, wenn ich wie ein dressiertes Äffchen in einem schönen Kleid, das ich nicht schmutzig machen durfte, mit dir in der Kirchenbank saß.

Während ich noch mit ihr hadere, kommt der Bregenzerwald zu mir. Diese tiefe, berührende Landschaft, die ich als Kind kaum kannte und die mir jetzt so vertraut ist, weil meine Romanfigur »Lilly« darauf bestanden hat, dass sie dort aufwachsen will.

 Ich liebe meine Bregenzerwälder Wurzeln inzwischen. Ich bin froh, dass meine Ahninnen stolze, mutige Frauen waren. Und meine Großmutter gehört dazu.

Das Geschenk des Scheiterns

Heute ist der letzte Tag, und er beginnt mit Stress. Zu lange geschwommen, zu lange getrödelt, Marietta mit mir. Beim Tee den Kühen zugeschaut, über die Großmütter geredet, mit Angelika, der Bäuerin, den Kräutergarten bewundert. Dann einpacken, Auto einladen, und alles muss schnell gehen. Ich bin schnell. Marietta bleibt in ihrer epischen Langsamkeit ruhig und gelassen. Mein Groll kommt wie eine dunkle Wolke. Im Stich gelassen, in meiner Hudelei alleingelassen. In letzter Sekunde kommen wir in der Gärtnerei an. Dann mein Morgenkaffee. Schon im Seminarraum, Zunge verbrannt, viel zu schnell getrunken.

Cambra hält ihren Morgentalk. Ich höre ihr nicht zu, weil in mir heiß der Zorn lodert. Auf meine Freundin. Ich rufe die Forscherin und hoffe, dass sie sagt: Aha, so ist das, du bist zornig, wie interessant. Aber die Forscherin schweigt. Ich rufe das neutrale Herz und bitte es, meinen Zorn zu löschen. Aber die weiße Ruhe, die ich auf meiner Reise zu ihm hatte, ist verschwunden.

Ich bin ein Spielball meiner Emotionen. Und hasse mich dafür – und Marietta auch. Also alles umsonst. Das ganze Seminar eine sinnlose Reise ohne Ergebnis. Oder doch nicht?

Ich rufe die Torhüterin, und sie kommt. Schotten dicht. Neben mir sitzt meine Freundin. Aber ich spüre sie nicht mehr.

Abreise

»Wir werden so abreisen, wie ich es bei den Maori gelernt habe«, sagt Cambra mit ihrer klaren, bestimmten Stimme. »Wir nehmen uns Zeit und packen ganz in Ruhe unsere Sachen ein. Gemeinsam. Die Pinsel, die Farben, die Bilder im Malhaus, die Decken und Polster in unserem rituellen Raum.

Die Maori haben, wenn ihr Gepäck vor der Türe stand und alles in Ordnung gebracht war, die Wände noch einmal mit den Händen berührt, sich bedankt und dann die Räume verlassen und nicht mehr betreten. Es ist ein Ritual, das Ruhe und Würde in den Abschied bringt.«

Ich denke an meine chaotische Art und Weise abzureisen, an den Stress und daran, dass ich meistens noch einmal zurücklaufe, weil ich etwas vergessen habe. Danke, ihr weisen Alten, dieses Ritual nehme ich gerne mit!

»Jede Reise hat drei Teile«, sagt Cambra. »Zuerst kommt der Ruf, und wir können uns überlegen, ob wir ihm folgen. Manchmal ist dieser Ruf so stark, dass wir nur für eine Weile Nein sagen können. Weil unsere Seele einen Auftrag hat, weil sie das erleben möchte, was sie gewählt hat.

Der zweite Teil ist die tatsächliche Reise. Den kennen die meisten von uns gut, und jede kann ihn auf ihre spezielle Art und Weise erleben. Aber was die Wenigsten von uns wissen, ist, dass das Ritual des Reisens hier nicht zu Ende ist: Es gibt noch einen dritten Teil. Das ist die Zeit danach, wenn wir wieder zu Hause sind. Jede Reise, die wir unternehmen, soll unsere Lebenskraft stärken. Sie soll uns im Alltag Kraft geben, wenn wir uns an sie erinnern. Und dazu brauchen wir eine Integrationszeit. Wir brauchen Zeit, damit das Lied der Reise nachklingen kann. Sonst ist sie nur wie ein Traum, ein Wind, der wieder verweht, wenn wir ihr nicht den passenden Raum geben. Diese Zeit dauert genauso lange wie die Reise selbst.

Und vergiss nicht, dass es wichtig ist, immer wieder mit Gleichgesinnten am Feuer zu sitzen. Und dann erzähle die Geschichte deiner Reise und singe sie übers Land.«

Rückreise

Wir fahren über schöne, bayrische Landstraßen, wie es sich gehört auf einer Göttinnenreise. An satten Wiesen und sanften Hügeln vorbei. Durch kleine Dörfer mit kunstvollen Häusern, wie sie heute nicht mehr gebaut werden.

Aber es gibt einen Fehler in diesem Bild: Wir sind keine Göttinnen mehr. Wir sind zwei bockige, sture Frauen, von denen keine ihren Mund aufmacht. Ich bin noch immer wütend. Diesmal, weil ich mir meine Reise versaue und weil Marietta schweigt, obwohl ich ihr gesagt habe, dass ich unseren Morgen schwierig fand.

Nach einer Weile halte ich an, ohne Marietta zu fragen, ob sie das auch will. Einfach so, auf einem Wiesenstreifen am Rand der Straße. Ich habe einen kleinen Fluss gesehen und weiß, was ich zu tun habe. Ich ziehe meine Kleider aus und springe in der Unterhose ins kalte Wasser. Marietta sieht mir schweigend zu und bringt mir ein Handtuch aus dem Auto, als ich nach ein paar Schwimmzügen wieder zurückkomme.

Dann reden wir miteinander. Und plötzlich sind sie alle da, unsere Helferinnen.

Die Göttinnen steigen in ihr Göttinnenauto und reisen weiter.

Mein Lustbein

Einmal pro Woche mache ich Yoga. Wer mich um meine Disziplin beneidet, dem kann ich sagen, dass das erstens zu wenig ist, um wirklich zentriert und gelenkig zu sein, und dass ich zweitens immer wieder einmal fehle, weil ich verreist bin oder andere Prioritäten setze, die eigentlich absurd sind, wenn man bedenkt, dass ich nur diesen einen Körper habe.

Annett, meine Yogalehrerin, ist nicht nur geschmeidig wie ein Panther, sie ist auch ein Engel an Geduld und lässt mich nie spüren, was ich an manchen Tagen selber von mir denke. Nämlich, dass ich ein steifes Trampeltier bin. Mein braver Körper kann nichts dafür. Er zeigt mir nur, dass er die Ausrede, im Alter wird man halt etwas steifer, nicht gelten lässt.

Wenn ich, was leider selten vorkommt, mich öfter in Yoga übe, sieht die Welt ganz anders aus. Dann ähnle ich zwar noch immer keinem Panther, aber ich komme mit den Händen ganz bis zum Boden und wünsche mir beim Sonnengruß nicht, dass er bald vorbei sein möge.

Heute war wieder ein Tag, an dem ich mein Yoga fast verpasst hätte. Ich war zwar dort, das war ausnahmsweise nicht das Problem. Dieses Mal haben mich meine Gedanken behindert. Ein Wort, das mir schon lange Unbehagen bereitet, wurde von meinem Unbewussten plötzlich mitten in meine Entspannung hinein mit einem roten Ausrufezeichen versehen. Es ging um den »Schambeinknochen«, der in jeder Stunde mehrfach vorkommt, weil wir ständig durch ihn einatmen sollen. Er hat sich in meinem Geist verfangen und ihn nicht mehr losgelassen.

Die Folge davon war, dass mein manchmal wirklich lästiger Geist über den Körper gesiegt hat und ihm die Yogastunde verdorben hat.

 Von dieser Minute an konnte ich nur noch daran denken, dass ich den Schambeinknochen umbenennen möchte.

Mit den Schamlippen ist es mir schon geglückt, sie heißen schon seit längerem Lustlippen. Und außerdem will ich unbedingt wissen, wer dieses unsägliche Wort »Schambeinknochen« erfunden hat.

Sofort nach der Yogastunde gehe ich ins Internet und google. Und ich finde tausend Krankheiten rund um diesen Knochen, von denen ich bisher nicht einmal gewusst habe, dass sie existieren. Wer für diese unsägliche Bezeichnung verantwortlich ist, taucht nicht auf.

Jedenfalls sollte sich der Erfinder schämen, dass er einen so wertvollen und unverzichtbaren Teil meines Unterleibs abqualifiziert hat. Das einzig Erfreuliche an meiner Recherche war, dass auch der G-Punkt dabei aufgetaucht ist, auch wenn da stand, dass dieses Lustpünktchen in meiner Vagina nicht wissenschaftlich nachgewiesen ist.

Mir ist schon klar, dass es früher normal war, dass wir uns für alles, was tailleabwärts zum Körper gehört, schämen mussten. Die Erinnerung daran ist noch in mir lebendig. »Das da unten« wurde von meinen Eltern, die sich wanden vor Peinlichkeit, so schlecht beschrieben, dass ich dachte, ich hätte Rote Rüben gegessen, als ich meine Menstruation bekam.

Und plötzlich taucht am Rand meines Gesichtsfelds eine Frage auf, die ich mir bisher noch nie gestellt hatte. Ob meine Mutter Spaß beim Sex hatte, bei all den Tabus, mit denen diese erfreuliche Tätigkeit besetzt war? Bei der ein Bein und Lippen involviert waren, die im Haupttitel das Wort Scham enthalten?

Ich weiß es nicht! Wir haben nie darüber geredet …

Die doofe Alte

Ich schätze und mag meinen Bankberater. Er ist geduldig, freundlich, bügelt meine Ungereimtheiten aus und kommt damit zurecht, dass ich immer wieder spontan auftauche, wenn ich nur Kleinigkeiten brauche. Falls er dann gerade keine Zeit hat, gibt es den Mann am Arbeitsplatz nebenan. Unkompliziert, angenehm, und selbstverständlich hilft er mir weiter und hat kein Problem damit, dass ich nicht zu seinem »Revier« gehöre.

Heute war wieder so ein Tag. Ich kam auf dem Weg in mein Lieblingsmittagsrestaurant vorbei und wollte einen Einziehungsauftrag löschen. Keine ganz große Sache wahrscheinlich.

Meine beiden Sonnenscheine waren leider nicht da. Also stand ich etwas verloren im Großraumbüro und war froh, als sich ein Mann etwas zögerlich, aber doch, von seinem Schreibtisch erhob und mich nach meinen Wünschen fragte.

Als ob ich keine Augen im Kopf hätte, erklärte er mir, dass die beiden Herren, die ich zu sprechen wünschte, beide nicht da seien.

»Dann können doch sicher Sie mir helfen«, schlug ich ihm vor.

»Leider kann ich jetzt gerade nicht«, sagte der gute Mann, »ich habe auf meinem Computer ganz viel offen.«

Wenn ich will, kann ich einen Blick aufsetzen, zu dem es keinen Text braucht. Der Mann hat ihn verstanden. Aber leider nicht ganz. Eigentlich hätte bei ihm ankommen sollen, dass eine Kundin wichtiger ist als seine Dateien im Computer.

Mit säuerlichem Gesicht begleitet er mich nach unten zum Bankschalterraum und erklärt mir wieder, dass er so beschäftigt sei. Als ich noch immer schweige, weil ich mich entschieden habe, diese Baustelle auszulassen, sagt er in gönnerhaftem Ton: »Aber das verstehen Sie ja nicht.«

Nein, natürlich nicht. Weil man im Alter grundsätzlich verblödet und schon so lange aus dem Arbeitsprozess draußen ist, dass man diese wichtigen Menschen, die nicht wissen, dass wir, die Kunden, ihr Gehalt bezahlen, nicht mehr verstehen kann.

Jetzt mache ich die Baustelle auf: »Dass Sie einer Kundin Blödheit unterstellen, ist unhöflich und abwertend.« Und dann lache ich vergnügt, weil mir gerade der Gewinn der Situation einfällt: »Aber es macht nichts, ich lasse Sie einfach in meinem Buch vorkommen.«

»Wollen Sie mir drohen?«, sagt der Mann, und ich verlasse die Bankfiliale ohne gelöschten Einziehungsauftrag, weil ich von niemandem betreut werden möchte, der sich von mir bedroht fühlt.

Es wird Zeit, dass wir Frauen – denn einem älteren Mann wäre diese Geschichte sicher nicht passiert – uns wieder ins Boot setzen. Dass wir klarmachen, dass die »doofe Alte«, die sich an den Rand der Gesellschaft drängen lässt, weil sie im falschen Geschlecht geboren wurde, ein Auslaufmodell ist.

 Es wird Zeit, dass wir uns nicht mehr schämen, wenn wir diffamiert werden, sondern uns wehren.

Männer bleiben interessant, unabhängig davon, wie alt sie sind. Männer »halten ihren Wert«, nehmen am Leben teil, und niemand spricht ihnen ihren Verstand ab. Auch nicht der Bankbeamte. Und diese wichtige Form der Gleichberechtigung steht uns Frauen genauso zu.

Seniorität statt Senilität

Marlene hat Geburtstag und lässt mit Wehmut, wie sie selber sagt, die fünf zurück. Ab heute gehört sie zur Gruppe der Sechzigjährigen und damit, wie ihr Mann in seiner Laudatio anmerkt, steht sie »am Beginn des Seniliums«. Er meint das ernst. Gottfried ist Arzt, und in seinem Beruf sind Beschreibungen, die sich am Defizit orientieren, normal.

Es ist eine große Feier. Auch Marlenes Vorstandskollege in der großen Bank hält nach dem vorzüglichen Essen im Viersternerestaurant eine Rede und heißt sie in der Gruppe derer willkommen, die in den Keller gehen, und wenn sie unten angekommen sind, nicht mehr wissen, was sie dort wollten. Und »wenn du morgen im Büro auftauchst und keine Ahnung hast, was du dort sollst, dann rede mit uns, wir helfen dir.«

Marlene versucht zu lächeln und sieht selbst im unterdrückten Frust noch großartig aus. Wir sind zusammen in die Volksschule gegangen und haben einander mehr als dreißig Jahre nicht gesehen. Und als wir beim Dessert Erinnerungen austauschen, beklagt sich eine andere Freundin: »Um Gottes Willen, hört endlich auf, ich möchte gar nicht wissen, wie alt ich schon bin.«

Warum will sie es nicht wissen? Und meine ebenfalls sehr attraktive Tischnachbarin jammert, dass ihr beim Jäten im Garten das Kreuz weh tut, und beneidet im selben Atemzug ein paar junge Leute, die sie durch die großen Terrassentüren sieht. Sie liegen auf ihren Jacken auf der Wiese vor dem Hotel: »Dazu muss man jung und verliebt sein«, meint sie.

Ich mache einen Versuch der Bewusstseinsbildung: »Aber Verliebtsein ist doch in jedem Alter möglich.«

»Ja«, seufzt die Angesprochene, »ich versuche es immer wieder.«

Sie schaut dabei auf ihren Mann, und ich bin nicht sicher, ob ihre Aussage Resignation oder Altersweisheit bedeutet.

Währenddessen sitzt die Jubilarin wie ein verloren gegangenes altes Kind in ihrer eigenen Geburtstagsinszenierung und fürchtet sich vor dem »Ende der guten Zeit«.

Der Tanzabend, den sie sich eigentlich gewünscht hat, ist daran gescheitert, dass es so viele in ihrem Freundeskreis gab, die es »blöd finden, in unserem Alter auf der Tanzfläche herumzuhopsen«.

Der Abend schreitet voran, und mein Mann Carl, der Marlene gerade ein paar Stunden kennt, sagt, als wir uns gegen Mitternacht verabschieden:

 »Ich wünsche dir Seniorität statt Senilität.«

Er sagt es mit seiner ganzen Schönheit und Würde, und auch dafür liebe ich ihn. Dass er sich immer wieder als Leuchtturm zur Verfügung stellt. Auch für uns Frauen.

Und noch einmal ein Geburtstag.
Die Frau, die hier fünfzig wird, kenne ich nicht. Und dass ich am Rande dabei bin, verdanke ich dem Umstand, dass Carl und ich das Schild vor der Hafenschenke: »Heute ab 19 Uhr geschlossene Gesellschaft« übersehen haben. Wir bekommen

trotzdem Würstl, etwas zu trinken und eine Darbietung der ganz besonderen Art.

Aus der Toilette kommen zwei Männer. Der eine, als Engel mit weißem Lockenhaar verkleidet, spricht meinen Heimatdialekt. Der andere, ein Teufel mit rotem Schwanz, scheint aus der Gegend zu sein.

Sie trinken sich am Tresen, an dem wir stehen, noch schnell Mut für ihren Auftritt an und proben ein Gedicht, von dem ich mir nur einige Wortfetzen merke:

Engel: Fünfzig sollst du jetzt schon sein? Hast dich wahrlich gut gehalten. Jeder sieht es offenbar, du wirst sicher hundert Jahr.

Teufel: Fünfzig Jahre sind vertan, und das sieht man dir auch an. Die Jugend nennt dich altes Eisen, das Gegenteil willst du beweisen.

Engel: Im Gesicht noch straffe Haut, überm Ohr ganz leicht ergraut.

Teufel: Runzelig wird das Gesicht, durch die Knochen zieht die Gicht.

Engel: Hier beim fünfziger Gelage, heut an deinem Jubeltage, wünschen alle deine Gäste dir von Herzen nur das Beste.

Teufel: Alle, die hier mit dir trauern, voller Falschheit dich bedauern, heucheln Freundschaft, währenddessen alle gratis saufen und fressen.

Mit der Rute der Senilität wird eben gern bei Geburtstagen gedroht. Das Gegenmittel dazu heißt: Ich liebe mein Alter. Und damit das glückt, kann jede von uns einen Schutzengel brauchen.

Landkarten des Lebens

Ich bin nun offiziell eine Pensionistin oder Rentnerin, wie es in Deutschland heißt, weil ich fünfundsechzig Jahre alt bin. Meine Tausend Euro monatlich sind mehr, als viele andere haben, und weniger, als ich gern hätte.

Warum es so wenig ist, obwohl ich mein ganzes Leben lang hart gearbeitet habe? Weil ich viele Jahre nichts in die Rentenkasse einbezahlt habe. Nicht aus Faulheit, sondern weil ich zwei kleine Kinder ernähren und sie über weite Strecken allein großziehen musste. Damals habe ich nicht einmal daran gedacht, dass ich für mein Alter vorsorgen könnte. Damals ging es darum, ob das Geld dafür reicht, dass ich die Miete bezahlen und den Kindern trotzdem Schuhe kaufen kann.

Das Haus, in dem ich jetzt glücklich bin, ist ein Traum, den ich mir gemeinsam mit meinem Mann erfüllen kann. Es liegt an einem kleinen See, der eigentlich ein Donaualtarm ist. Und möglich geworden ist der Traum nur, weil wir beide den Mut hatten, einen Kredit aufzunehmen. Den uns mehrere Banken nicht geben wollten, weil wir »zu alt« sind und berufliche Erfolge nicht zählen.

Ich bin nicht mit goldenen Löffeln geboren worden. Als ich mit siebzehn aus der Kleinstadt geflüchtet bin, sagte mein gekränkter Vater: »Ich werde dich nicht unterstützen, ich werde beobachten, was aus dir wird.« Und seither wird immer wieder etwas Neues aus mir. Weil ich gar nicht anders kann. Ein »sicherer Job« passt nicht zu meiner Nomadin. Ich muss immer wieder weiterziehen.

Manchmal beneide ich meine Freundinnen, die es geschafft haben, über viele Jahrzehnte ein »regelmäßiges« Leben zu führen. Und die jetzt mit einer satten Rente unbeschwert durchs Leben gehen. Gleichzeitig ist mir klar, dass ich meine eigene Landkarte immer wieder neu zeichnen muss.

Und das kostet einen Preis, den ich immer wieder neu bezahle. Denn jeder Neubeginn macht mir auch Angst. Und gleichzeitig habe ich mich immer wieder neu getraut. Ich war Sprachstudentin in Paris, Bürokraft in London, Flugbegleiterin in Wien, Journalistin, Autorin, Radiomoderatorin, Beraterin. Als Nächstes bilde ich mich zum Outdoorguide aus, und dann werde ich Kabarettistin.

Könnte ich auch eine unzufriedene Rentnerin sein? Nein! Denn ich habe die Entscheidung getroffen, immer wieder neu meinem Herzen zu folgen. Und die meisten Dinge, die mein Herz mag, kosten kein Geld. Ich streune durch die Wälder, schwimme im See und buddle in unserem Garten … Und wenn ich keinen mehr hätte, dann würde ich in anderen Gärten Unkraut jäten und Rosen pflegen.

Nicht, dass ich mein Leben als Modell für andere Frauen empfehlen könnte. Dazu war es viel zu anstrengend und von Höhen und Tiefen geprägt. Aber ich plädiere dafür, dass jede von uns sich ihre eigene Landkarte zeichnet.

Und dazu ist es nie zu spät.

Wir haben doch alle geträumt. Schon als kleine Mädchen waren wir Königinnen unserer Länder und wollten vieles. Die einen wollten Weltreisende werden, die anderen Tieren helfen, die dritten Ärztinnen in Afrika oder Mechanikerin werden. Ich wollte immer Schauspielerin werden und habe mich nicht einmal getraut, meinem Vater diesen Traum zu erzählen. »Ein brotloses Gewerbe«, hätte er gesagt, »eine unsichere Zukunft« hätte meine Mutter eingeworfen und es mir dennoch nicht verboten.

 Träume können sich ändern, aber es ist wichtig, dass wir immer weiterträumen.

Und jetzt, wo wir wilde, weise Frauen sind oder werden, gibt es neue Chancen, unseren Träumen Gestalt zu geben. Weil unsere Kinder erwachsen sind, falls wir welche haben, weil sich unsere Männer mit uns weiterentwickelt haben und unsere Freiheit akzeptieren oder uns abhanden gekommen sind. Weil wir keine Zeit mehr zu vergeuden haben, das wahr werden zu lassen, was unser Herz uns zuruft.

Und vielleicht leben wir einen großen Traum in einer kleineren Dimension. Es spielt keine Rolle, Hauptsache, es macht uns glücklich. Und was uns so richtig glücklich macht, das wissen nur wir selbst.

 Denn niemand fühlt so wie du, niemand spürt genauso wie du, niemand außer dir kann wissen, was gut ist für dich.

Mama Fischer

»Ich bin eigentlich die Aschmann Mitzi, mein Großvater hatte im Ersten Weltkrieg ein Patent auf Offizierskappen. Die mussten steif sein, und früher war Pappdeckel drin, der aufgeweicht ist, wenn es geregnet hat. Er hat etwas erfunden, so dass das Papier durch einen gestärkten Stoff ersetzt wurde. Er war ein gescheiter Mann und hat mit dem Geld das Haus hier gekauft. Wir haben alles, was der Mensch braucht, Wälder und Wiesen, viel Sonne durch den Südhang, eigene Quellen, ja sogar ein Schwimmbad hat er gebaut. Das Wasser ist ganz samtig. Er wollte gesund leben, und ich habe das von ihm geerbt, obwohl ich ihn nicht gekannt habe. Und jetzt bin ich ja selber schon uralt, nur noch ein paar Jahre von hundert weg. Dreiundneunzig bin ich jetzt!«

Meine Geschichte mit der »Mama Fischer«, wie sie alle nennen, fing schon auf dem Wanderweg zu ihr an. Ihr Bauernhof liegt versteckt mitten im Wienerwald und war nicht ganz leicht zu finden. Auf einer Tafel am Wegrand lese ich, dass ich mich im Kerngebiet des Biosphärenparks befinde. Hier wird der Wald nicht bewirtschaftet, sondern bleibt ganz sich selbst überlassen. Am Anfang der kleinen Wanderung ist noch alles klar. »Vom Gasthaus Rieger, an der Pferdekoppel vorbei, immer geradeaus, den Markierungen nach und dann nach rechts über eine Wiese«, steht auf meinem Zettel, den mir eine Ortskundige in die Hand gedrückt hat. Aber dann stehe ich an einer Weggabelung mit zwei Markierungen. Wohin soll ich gehen?

Das Rätsel wird von zwei Männern gelöst, die mir entgegenkommen. »Sie wollen zur Fischer Mama?«, und dann werden der alten Frau schon die ersten Rosen gestreut: »Sie ist ein ganz besonderer Mensch. Wir kehren immer bei ihr ein, wenn wir unterwegs sind. Gehen Sie hier nach rechts, Sie können sie nicht verfehlen.«

Eine Viertelstunde später werde ich schon wieder verunsichert, als ein Weg nach links abzweigt. Ein Paar kommt mir zur rechten Zeit entgegen, und diesmal dauert die Erzählung der Frau über die »Fischer Oma« länger.

»Sie ist hier im Wienerwald geboren und lebt im Einklang mit der Natur. Sie tut keinem Tier etwas zu Leide und liebt ihre Pflanzen über alles. Unzählige Blumentöpfe stehen vor dem Haus. Als sie eine Hüftoperation hatte, wollte sie keine Medikamente nehmen und ist ganz schnell wieder nach Hause gefahren. Sie kennt alle Heilpflanzen in der Gegend, und ihr Sohn, der mit ihr lebt, hat den besten selbstgeräucherten Speck.«

Der Mann, dem der Lobgesang offensichtlich unangenehm ist, sagt grantig: »Sie sollten sich nicht zu viel erwarten, sie lebt in einem uralten, vernachlässigten Haus, und essen würde ich dort auch nicht unbedingt etwas, es ist sicher nicht alles hygienisch.«

Die Frau boxt ihn in die Seite und sagt empört: »Du bist einfach nur pingelig.«

Aber dafür ist der Mann angenehm genau in seiner Beschreibung, wie ich weitergehen soll: »Es gibt kein Schild, Sie müssen aufpassen. Dort, wo Sie rechter Hand eine Wiese sehen, versteckt sich das Haus hinter Bäumen.«

Der Blick über die Wälder, als sich die versprochene Wiese zeigt, ist umwerfend. Hier breitet sich der Wienerwald, »die grüne Lunge von Wien«, in seiner ganzen Schönheit aus. Ich gehe vorbei an einem Stall mit ein paar Kühen und folge einem Schild, auf dem »Hier geht's zur Jause« steht. Vor der Türe des Bauernhauses sind die Tische gekippt und die Topfpflanzen offenbar schon im Winterquartier. Die Eingangstür ins Haus führt direkt in die Küche mit einem großen Holzherd, der gleichzeitig als Heizung dient.

Und als ich endlich mit der Mama Fischer am Tisch sitze und sie mir von ihrem Leben erzählt, bleibt »der Maxi«, wie sie ihren Sohn nennt, im Hintergrund und bäckt inzwischen seinen berühmten Zwetschenkuchen. Er ist Konditor und lebt seit vielen Jahren mit seiner Mutter.

»Er redet nicht viel«, sagt sie, als er kurz hinausgeht. Erst als ich ihn frage, ob ich später seinen Kuchen probieren darf, sagt er seinen ersten längeren Satz: »So lange können Sie nicht bleiben. Heute gibt's keinen Mond. Sie müssen in einer Stunde zurück, sonst kommen Sie in die Dunkelheit und verirren sich.«

Die »Aschmann Mitzi« hat kein leichtes Leben gehabt. Ihren Vater kennt sie nicht, weil »der Bruder meiner Mutter ihn vom Hof gejagt hat«.

Als ich sie frage, warum, sagt sie: »Die Mutter hat gesagt, man muss sich nicht alles gefallen lassen. Und alles andere geht dich nichts an. Sie hat ihn auch nicht geheiratet. Wir haben dann den Hof alleine bewirtschaftet. Heu und Grünfutter machen, melken, alles mit der Hand. Milch liefern, zwanzig Liter auf dem Buckel, im Winter am Abend, eine halbe Stunde bis zur Sammelstelle ins Tal. Mit der Petroleumlampe in der

Hand, es gab ja keinen Strom. Ein Bauer hat die Milch sofort mit dem Fuhrwerk zur Westbahn nach Untertullnerbach gebracht. Die Wiener haben sie dann am nächsten Tag frisch in den Geschäften gekauft.«

Max, der zuhört und dabei Zwetschen für seinen Kuchen schneidet, ist doch gesprächiger, als seine Mutter es ihm zutraut. »Es ist noch immer hart. Vor allem, weil du nicht bereit bist, die Kühe herzugeben, obwohl sie schon lange keine Milch mehr geben.« Dann schaut er zu mir. »Und ihre tausend Pflanzen werde auch ich eines Tages gießen müssen. Dabei bin ich selber ja schon vierundsiebzig, ich bin fünf Jahre nach dem Elvis Presley geboren. Ich will auch nicht mehr so viel arbeiten. Außerdem könnte ich viel mehr als Konditor machen, wenn ich die Zeit dafür hätte. Ich habe Bestellungen aus dem ganzen Tal.« Als ich ihn fragend ansehe, erklärt er: »Zum Beispiel einen Gugelhupf mit Eierlikör und Rosinen für einen Mann im Ort.«

Seine Mutter sagt ungerührt: »Der bestellt den wahrscheinlich so, weil seine Frau keine Rosinen mag und er ihn alleine essen kann. Und außerdem – ich gebe kein Tier her, und kein Tier wird hier umgebracht. Früher hatten wir auch viele Ziegen. Jetzt ist nur noch eine da. Dafür haben wir fünf Katzen. Zwei alte, und aus dem letzten Wurf haben wir drei behalten, weil wir nur zwei verschenken konnten.«

Über ihren Mann will sie nicht reden. Sie schaut weg, als ich nach ihm frage, und blättert plötzlich interessiert in der Zeitung, die vor ihr auf dem Tisch liegt. Nach einer langen Pause spricht sie dann trotzdem weiter.

»Er ist bei einem Unfall gestorben. Vor fünfzig Jahren. Mehr habe ich mir nicht gemerkt. Das Gute am Alter ist, dass man sich nicht mehr an alles erinnern muss. Besuch habe ich gern. Wenn jemand kommt, kann er eine Jause haben. Wir haben kein Gasthaus, dort muss man schnell servieren und dann bald zahlen. Bei mir ist das familiär.

Wir leben in der Natur, und alles, was es hier gibt an Wildkräutern, das kenne ich und das kommt auch auf den Tisch. Die meisten Menschen gehen ja lieber in den Supermarkt und kaufen dort die Kräuter, da gibt's dann alles abgepackt, und viele nehmen sogar Tabletten, statt der guten Naturmittel. Ich nehme keine Tabletten, und Doktor kenne ich auch keinen.«

Max rollt die Augen: »Mama, du hast eine künstliche Hüfte!«

»Ja, aber das ist lange her, die merke ich gar nicht mehr. Dafür habe ich keine falschen Zähne. Ich will nichts Fremdes im Mund, ich mag nichts, was nicht an mir gewachsen ist. Und beißen kann ich trotzdem mit meinem gesunden, starken Zahnfleisch.«

Ich bin überrascht. Das Gesicht der alten Frau ist von berührender Schönheit. Wie ein gesunder Bratapfel sieht sie aus. Ihre Augen sind wach und klar, das dichte, starke Haar schlohweiß, und als sie mich fast trotzig anschaut, nach ihrer flammenden Rede gegen die Künstlichkeit, finde ich kein Anzeichen, dass ihr etwas fehlt, was korrigiert werden müsste.

»Mich hält das kalte Wasser gesund. Für meine Mutter war der Kneipp ein Heiliger. Ich habe mich von Kind auf mit kaltem Wasser gewaschen. Das tue ich noch immer. Die Krankheiten hat uns nicht der liebe Gott geschickt, die machen wir uns zum Großteil selber. Altwerden ist keine Kunst, das geht von ganz allein. Du musst dich nur jeden Tag kalt waschen und immer bloßfüßig gehen, vor allem in der Früh im Morgentau, das ist so gesund! Heiß muss nur die Suppe sein und der Kaffee.«

Dann steht sie auf, hebt Filzpantoffeln vom Boden auf und legt sie ins obere Fach des Backrohrs.

»Das Wichtigste sind warme Füße, ich wechsle meine Hausschuhe immer wieder aus. Das habe ich von meiner Mutter gelernt.«

Dann zieht sie die graue, gewalkte Weste aus, die sie über einem schwarz-rotgeblümten Rock trägt, und sitzt mir in einem wunderschönen, wahrscheinlich handgestrickten Pullover in der Farbe ihrer Augen gegenüber, eine Mischung aus schiefergrau und hellblau.

Als ich sie frage, was sie übers Alter denkt, lacht sie: »Was soll ich mir denken? Jung bleiben kann man nicht, also muss man sich danach richten. Und es bleibt mir nichts anderes übrig, als froh zu sein mit meinem Leben.

 Wenn ich nicht froh bin, bin ich trotzdem alt.

Und meine Füße wollen nicht mehr. Nur manchmal wünsche ich mir, dass ich keine Stöcke brauchen würde zum Gehen. Wenn ich im Wald bin, kann ich mich an einem Baum festhalten. Aber bis ich dort bin, ist es mühsam. Ins Dorf hinunter gehe ich schon lang nicht mehr. Das macht mein Sohn, und ich habe jetzt ja vier Beine.« Sie lacht laut und fröhlich und zeigt auf ihre Krücken. »Und was dazukommt, wir sind in all den Jahren Fremde geblieben, weil mein Großvater aus Wien hierher gezogen ist. Als Kind habe ich sehr darunter gelitten. Heute spielt das keine Rolle mehr. Ich habe alles, was ich brauche, und wenn man fröhlich ist, bleibt das Leben gut.

Ich bin froh, dass wir genug zu essen haben und dass mir alles schmeckt. Alles andere bestimmt der Schöpfer. Ich kenne ihn gut. Wenn er nicht hilft, dann nützt alles nichts. Das soll man auf keinen Fall verlernen. Es kann jeden Tag anders sein.«

Es klopft an der Türe. Die Mama Fischer schaut kurz auf und lacht: »Ah, da kommt der Busserl Jäger mit seinem Hund.«

Der Mann grüßt freundlich, umarmt die alte Frau und küsst sie herzhaft. Sie strahlt übers ganze Gesicht und sagt kokett: »Bei ihm weiß man nie, ob er Vierbeiner oder Zweibeiner jagt.«

»Vor fünfunddreißig Jahren waren wir schon bei ihr auf ein Brot, meine Freunde und ich«, erzählt der Jäger und bestellt zwei Speckbrote mit Most.

Die alte Frau nickt: »Das waren noch Zeiten. Damals war es hier besser. Jetzt ist alles ›fortgeschritten‹, im wirklichen Sinn dieses Wortes. Es ist nichts mehr da. Nicht einmal ein Geschäft im Ort. Wir müssen bis Sieghartskirchen fahren, wenn wir einkaufen wollen, die Post kommt auch nicht mehr. Die müssen wir selber holen im Briefkasten an der Straße unten. Wir Menschen machen immer Rückschritte, anstatt dass wir nach vorne gehen. Da haben wir Jahrhunderte gebraucht, bis es diese Errungenschaften alle gab, und dann stellen wir sie wieder ein. Und die Sommergäste fahren schon lange woanders hin. Früher haben die Städter bei uns Urlaub gemacht. Die gehen jetzt in Hotels mit Sauna und Vollpension. Das braucht man doch alles nicht, wir schwitzen doch so auch genug. Und das Essen dort ist voller Chemie, damit es schön ausschaut. Bei uns war immer alles Natur, und ist es noch immer.«

Und dann spricht sie doch über ihren Mann: »Er war ein begeisterter Motorradfahrer, und ich bin mitgefahren auf seiner

Maschine. Im Dirndl, schön herausgeputzt. Ich habe mich geweigert, eine Hose anzuziehen. Er war erst dreiundvierzig, als er verunglückt ist.«

Dann schweigt sie eine Weile, und als sie mein fragendes Gesicht sieht: »Nicht, was Sie denken. Nicht mit seiner Maschine. Er ist von einem Kirschbaum gefallen. Ein halbes Jahr war er im Krankenhaus, einen Monat dann noch zu Hause. Hundertprozentige Pflege. Ganz allein! Da hat der Doktor gestaunt, was ich alles kann. Ich habe ja nur die Hauptschule besucht!

Seither habe ich auf dem Bauernhof alles selber gemacht. Jetzt bin ich froh, dass mein Sohn für mich sorgt. Ich sitze hauptsächlich herum und freue mich über Besuch. Und das ist auch gut so. Ich habe selber so vielen Leuten geholfen, so viele gepflegt ... Jetzt lasse ich es mir gut gehen. Mein Sohn kocht für mich, ich kümmere mich um die Pflanzen, und der über uns, der kümmert sich um uns alle.«

Als ich sie frage, ob ich ihre Toilette benützen darf, sieht sie mich zweifelnd an. Halb im Scherz biete ich ihr an: »Ich kann auch in den Wald gehen.«

»Ja, machen Sie das, da freuen sich die Bäume, da werden sie gedüngt.«

Als ich sie frage, ob ich mir dann auch das Schwimmbad ansehen darf, sagt ihr Sohn: »Es ist schon lange ein Teich geworden.«

Seine Mutter ruft ihn streng zur Ordnung: »Es ist ein Schwimmbad, mit wunderbarem Quellwasser, es sind nur ein paar Molche drin.«

Mitten auf einer großen Wiese Richtung Tal finde ich es. Beide haben recht. Das große betonierte Rechteck gibt es noch, aber das Schilf hat sich längst die Ränder erobert und rahmt es wie ein Kunstwerk ein.

Zurück in der gemütlichen Wohnküche, fallen mir zum ersten Mal die Möbel auf. Hier gibt es nichts Modernes. Eine Eckbank aus Holz, eine hübsche Kredenz und ein zweiter alter Kasten, der im Stil nicht ganz dazupasst.

Die Fischer Mama folgt meinen Blicken und sagt: »Die Möbel haben wir alle geschenkt bekommen. Sie haben ja keine Ahnung, was die Leute alles wegwerfen, weil sie sich neu einrichten wollen. Als ich ein Jahr alt war, ist das Unglück geschehen. Es war ein heißer Sommertag, meine Mutter hat Wäsche gewaschen, und der Rauchfang hat zu brennen angefangen. Bis die Rosse angespannt waren und die Feuerwehr hierherkam, war das Haus abgebrannt bis auf die Mauern.«

Plötzlich kehrt die alte Frau wieder ganz in die Gegenwart zurück: »Am liebsten würde ich aus unserem Grund einen schönen Park machen und noch viel mehr Sträucher und Bäume pflanzen. Früher habe ich aus dem Wald junge Bäumchen mitgebracht. Einmal habe ich so ein kleines Pflänzchen unter einer Bank entdeckt, auf der ein Pärchen saß. Da bin ich später zurück und habe es ausgegraben.« Sie zeigt hinaus: »Sehen Sie diesen großen Baum dort, so sieht dieses zarte Pflänzchen heute aus. Ich hätte noch viele Ideen, und wenn ich sie ausführen könnte, müsste man dafür Eintritt bezahlen. Bei uns kommen die Rehe bis zum Haus. Wenn ich Geld hätte, würde ich meinen Grund einfrieden, und die Rehe wären geschützt bei mir. Und keiner dürfte sie erschießen.«

Sie schaut den Jäger streng an. Der verteidigt sich: »Der Bauer, der Förster und der Jäger gehören zusammen. Wir sorgen für das Gleichgewicht im Wald und für die Tiere im Winter. Wir füttern die Wildschweine, die Rehe, mit Zuckerrüben, vorigen Samstag waren es fünf Tonnen.«

»Wie schmeckt denn so ein Wildschwein«, fragt die Mama Fischer etwas versöhnlicher. Und als er ihr verspricht, dass er das nächste Mal ein Stück vom Wildschwein mitbringt, kehrt wieder Frieden ein.

Es ist längst dunkel geworden, und der Jäger bietet mir an, mich mit seinem Geländewagen zu meinem Auto zu fahren. Er küsst die Mama Fischer wieder herzhaft, und als ich mich zu der kleinen, zarten Frau hinunterbeuge, umarmt sie auch mich herzlich.

Ich frage sie, wie sie genannt werden möchte in meiner Geschichte, und sie schlägt vor: »Mama Fischer, Oma Fischer, Uroma Fischer, ich bin alles.«

Dann schaut sie an mir hinunter und sagt streng: »Du solltest keine Hosen tragen. Das will der liebe Gott nicht, man soll Mann und Frau unterscheiden können.«

Sie lacht und dreht sie sich mit ihrem weiten Wollrock im Kreis, so dass die grünen Strümpfe, die sie darunter trägt, bis übers Knie sichtbar werden, und tänzelt vor uns hin und her: »Ich mag meinen Rock, da bin ich so beschwingt, und oben soll es eng sein, damit man sieht, dass ich weiblich bin.«

»Ich komme gerne wieder«, sage ich zu ihr.

Sie schaut mir ganz tief in die Augen und sagt: »Wenn du uns nicht vergisst, dann haben wir eine neue Freundin.«

In der Blüte meiner Jahre

Heute, gestern und vorgestern waren solche Tage. Da fühlte ich mich wie ein altes Weib, das hässlich vor sich hinvegetiert.

Der Himmel grau, meine Seele nicht hörbar, die mich hätte daran erinnern können, dass ich unsterblich bin.

Was ist der Sinn?, fragte ich mich. Und fand keinen.

Will ich aktiv sein? Wozu?, fragte der Teil in mir, der tief getroffen ist von der Tatsache, dass ich nicht unsterblich bin.

»Die anderen sind es auch nicht. Das ist deine Bestimmung als Mensch«, sagt eine Stimme in mir, die mich nervt.

»Und wenn es so ist, dann kannst du doch besser für jeden Augenblick, für jede Minute, die dir geschenkt wird, dankbar sein.«

»Esoterisches Geschwätz«, rufe ich ungehalten in mich hinein und bestehe darauf, weiter zu glauben, dass ich ein altes, zerfallendes Wrack bin.

Ich weiß, dass ich recht habe mit meinem Urteil über mich selbst, weil meine Gedanken von so vielen geteilt werden. Und das seit Jahrhunderten.

Früher war alles einfacher. Da sind wir im Kindbett gestorben oder an einer der vielen Krankheiten, die heute heilbar sind. Doch seit wir länger leben, hat sich ein Gedanke eingenistet, der fatal ist, vor allem für uns Frauen.

Zuerst tun wir alles, um möglichst jung zu bleiben. Das kostet viel Lebenszeit und ist langfristig zum Scheitern verurteilt.

Solange wir noch jung sind, wollen wir mit denen, die schon alt sind, nichts zu tun haben. Sie erinnern uns zu sehr an das, was uns erwartet, wenn wir irgendwann diesen Weg beschreiten müssen. Unfreiwillig natürlich, denn der Tod ist ein Irrtum, den es zu bekämpfen gilt.

Niemand isst gern die verwelkten Reste von der reichgedeckten Tafel. Und das Alter ist so ein Rest in den Augen unserer Gesellschaft. Und während ich so vor mich hin maule, taucht ein Bild auf. Ich sehe ein großes Land, das ich noch nicht erforscht habe. Es kann eng und dunkel sein oder strahlend groß und weit. Ganz, wie ich will. Ganz, wie ich es mir erlaube.

Ein Zitat von Anaïs Nin fällt mir ein:

 »Und es kam der Tag, da das Risiko,
in der Knospe zu verharren, schmerzlicher wurde,
als das Risiko zu blühen.«

Mein Alter ist eine Knospe, und ich kann in ihr verharren und hoffen, dass sie nie erblüht. Oder ich kann in der Blüte meiner Jahre, nämlich genau jetzt, diesen unbekannten Kontinent erforschen, dem unsere Gesellschaft bisher das Recht abgesprochen hat, zu unserer Welt zu gehören. Besonders uns Frauen.

Wir waren so damit beschäftigt, uns freizuschwimmen von anderen Beschränkungen – und deren gab es viele –, dass uns selbst kaum aufgefallen ist, wie wir gegen uns selbst gekämpft haben. Noch immer lassen wir uns reduzieren auf »schön« und »nicht schön«. Und zur zweiten Kategorie gehörte bisher als »nicht schön« unser wunderbarer Körper.

»Forscherin im eigenen Land«, »in der Blüte meiner Jahre«. Ich habe den Ruf gehört und folge ihm.

Mein entscheidender Schritt dabei ist, dass ich aufhöre, abwertend über mich zu denken und zu sprechen. Ich werde gütig zu mir sein, wenn an manchen Tagen die alte Zeit kommt und sich über mich stülpen will.

Und ich versuche, auf Galsan Tschinag zu hören, der den schönen Satz gesagt hat: »Als Körper bin ich ein Pünktchen, als Seele ein Meer.« Sein Interview in der Zeitschrift »Happinez« bestätigt mich.

»Das Schicksal liegt in unserem Munde«, lehrt uns der Schamane, Worte geben die Richtung des Lebens an. Er stammt aus dem Mongolenvolk der Tuwa, das keine Schrift kennt. Die Menschen in seinem Land wählen ihre Worte mit Bedacht, weil die Worte es sind, die Generation für Generation weitergegeben werden.

»Meine Erfahrung zeigt mir«, sagt er, »wenn du nach der Sonne schaust, findest du dich in dunklen Zeiten besser zurecht. Sieh immer nur das Helle! Ein Beispiel: Schon am Morgen benutzt ein Europäer das Wort ›leider‹. Leider regnet es heute, leider muss ich früh raus.«

Und ich ergänze für mich – leider werde ich alt.

»Solche Sätze blasen kühlen Atem in den heraufziehenden Tag. Wie anders wäre es, den Tag mit dem Wort ›schön‹ zu beginnen.«

 Ich bin eine schöne ältere Frau, sag ich zu mir, und die Welt ist wieder in Ordnung.

Alte Weiber und alte Männer

Die Sauna, die ich mit meiner Freundin Maria regelmäßig besuche, ist ein Biotop an interessantem menschlichem Verhalten. Und es gibt dort ein Ereignis, das sich mindestens einmal im Jahr wiederholt: Wir begegnen einem unverschämten, fetten, alten Mann. Es ist jedes Mal ein anderer, und warum sie immer dick sind, kann ich nur vermuten. Vielleicht wirkt sich eine geringe Reflexionsfähigkeit auch auf die Betrachtung der eigenen Optik aus.

Gestern ereignete es sich wieder einmal. Plötzlich steht ein nackter Mann, der seine Fußspitzen nicht mehr sehen kann, weil sein Bauch ihm den Blick verstellt, vor uns. Als wir die Tür zu einer leeren Saunakammer öffnen wollen, herrscht er uns an: »Hier können Sie nicht hinein, wir machen später einen Aufguss, da muss sie ganz trocken sein.«

Mir bleibt der Mund offen stehen. Das, was ich alles hätte sagen können, fällt mir erst viel später ein. Zum Beispiel, dass er sich eine Privatsauna bauen soll, damit er nicht von anderen, ebenfalls zahlenden Gästen belästigt wird.

Der Bademeister kommt zufällig vorbei, öffnet die Tür für uns und sagt galant, aber betont laut: »Meine Damen, treten Sie ein, das ist eine öffentliche Sauna, und selbstverständlich können Sie hier schwitzen.«

Seinem Tonfall entnehme ich, dass diese Fehde älter ist als unser heutiger Konflikt.

Der dicke Mann schimpft hinter ihm und uns her und benutzt Worte, die zu wiederholen mir der Anstand verbietet. Wir gehen in den Saunaraum, strecken uns aus und genießen es, allein zu sein.

Fünfzehn Minuten später. Jetzt kommt er mit denen herein, die er als »wir« bezeichnet hat. Eine ganze Gruppe von Freunden ähnlichen Kalibers.

Gespannte Stimmung. Wir warten auf den Showdown. Es fehlt nun nur noch die Filmmusik von »Spiel mir das Lied vom Tod«.

»Hier ist es heute nicht so warm wie sonst!« Der Stichwortgeber wirft uns einen bösen Blick zu, er wurde offensichtlich über unseren Ungehorsam informiert.

»Das verdanken wir zwei alten Weibern, die unbedingt hier schwitzen mussten!«

Gelächter von allen.

Maria und ich sehen einander an und verständigen uns ohne Worte: Wir schweigen und entscheiden uns, heute Gutmenschen zu sein und uns nicht auf das Niveau dieses Dialogs herabzulassen.

Doch dann geht es erst richtig los. Es wird gegrölt und gelästert. Nicht mehr über uns, dafür über »die Schwulen, von denen es so viele in der Kirche gibt, dass man sie nicht heizen braucht.«

Jetzt macht meine Gutmenschin Pause. Und zwar vollständig.

»Ist es nicht erstaunlich«, sage ich ganz laut in meinem schönsten Hochdeutsch zu meiner Freundin, »dass es in jeder Sauna immer wieder ein paar fette, alte Männer gibt, die Müll reden.«

Nein, das war gar nicht korrekt von mir. Und dafür, dass ich eine Ausbildung in gewaltfreier Kommunikation habe, sogar ganz und gar verwerflich. Und Auge um Auge, Zahn um Zahn widerspricht grundsätzlich meiner friedlichen Grundgesinnung.

Aber es hat gewirkt!

Die Männerrunde ist so perplex, dass eine Frau unter derselben Gürtellinie zurückschlägt, dass es dem Anführer die Rede verschlägt und der Stichwortgeber stattdessen stammelt: »So etwas Unintelligentes wie Sie gibt es doch gar nicht …«

Eine vergleichsweise harmlose Bemerkung, wenn man bedenkt, dass aus seiner Sicht wahrscheinlich alle Frauen, auch die jungen, dumm sind.

Es wäre schön, wenn es sich herumsprechen könnte, dass wir *alle* älter werden. Frauen und Männer gleichermaßen.

Dann könnte auch das schöne wilde Wort »Weiber«, das sogar für die Heilige Maria gut genug war, ehe die katholische Kirche es aus dem Vater-Unser entfernt hat, wieder rehabilitiert werden.

Dann bin ich auch gerne ein altes Weib und gebe mein »Altweiberwissen« als das, was es ist, weiter: die gesammelte Erfahrung von weisen Frauen, die wächst, je älter wir werden.

Fortsetzung:

Gestern waren wir wieder einmal in einem der Wirtshäuser bei uns im Dorf. Der Tisch, an dem ich gerne sitze, war von sechs älteren Frauen zwischen sechzig und neunzig besetzt.

Was die Damen zusammengeführt hat, habe ich nicht mitgekriegt, weil sie schon beim Dessert und den Schnäpsen angelangt waren. Laut und deutlich. Und weil wir am Tisch nebenan sitzen mussten, habe ich zwangsweise mitgehört, wie sie über ihre Männer reden.

»Wo ist denn dein Alter?«

»Den Trottel habe ich zu Hause gelassen, der redet ohnehin nur Müll.«

Beifälliges Gelächter.

»Da bin ich ja froh, dass ich gar keinen habe.«

Breite Zustimmung. Frau Hedi, die Bedienung im »Ohnewas« und ein Wunder an edler Gelassenheit, wird gerufen und soll noch eine Runde Schnäpse bringen. Sie lässt mit keiner Regung erkennen, dass das Benehmen ihrer Gäste zu wünschen übrig lässt.

»Und was die Geld kosten, die Männer!«, kreischt jetzt eine der Frauen. »Weißt du, was meiner macht? Der lässt sich jetzt vier Implantate einsetzen, der eitle, alte Gockel. Als ob es ein falsches Gebiss nicht auch getan hätte … Und außerdem zahlt die Krankenkasse das nicht, das reißt ein Riesenloch in unseren Sparstrumpf.«

Den Rest der Gespräche blende ich aus. Mein Mann Carl schweigt zu den Dialogen der Frauen. Das rechne ich ihm hoch an. Aber der Ausdruck seiner Augen spricht Bände. »Wo sind jetzt deine Beautiful Old Women geblieben?«, scheint er mich zu fragen.

Ja, das frage ich mich auch. Wir Frauen sind leider auch nicht besser als die Männer, die wir verurteilen. Und das Bewusstsein, wie schon die Tante Mitzi sagte, ist eben ein Hund. Und leider fällt mir gerade ein, dass ich manchmal auch vergesse, dass ich eine Beautiful Old Woman bin.

Dann schimpf ich wie ein Rohrspatz und sage Sätze, die ich mir normalerweise nicht einmal im Neanderthal erlaubt hätte, als ich noch im Lendenschurz mit einer Keule durchs Dorf lief.

Bin ich erotisch?

Bea lebt in Berlin. Sie übersiedelte mit dreißig, machte dort eine große Karriere in einem Konzern und scheiterte mit ihrer Beziehung. Seither hat sie genug von Männern. Sagt sie manchmal. Und dann wieder auch nicht. Je nachdem, wie sie gerade drauf ist.

Bea ist meine Freundin seit Jugendtagen, und wir sehen einander nur noch zwei oder dreimal im Jahr. Doch wenn ich vom Bahnhof Zoo mit meinem kleinen Rollköfferchen zu ihr spaziere und an ihrer Türe läute, ist alles wie früher. Dann sitze ich in ihrem alten Bademantel, den sie auf alle Zeit für mich aufheben muss, auf ihrer gemütlichen Couch, die Füße auf dem Glastischchen. Im Winter mit dicken Socken, im Sommer mit frisch lackierten Zehennägeln.

Bea bringt die hinreißenden Häppchen, die sie schon vorbereitet hat und die sich als »Hüftgold« bestens eignen. Dann wird geredet und geredet und viel guter Wein getrunken. Zum Nachtisch gibt es immer Mozartkugeln, die ich vom Flughafen mitbringe, und wir versichern einander nach jeder Kugel, dass es die letzte war. Erst wenn die Packung leer ist, widmen wir uns den wichtigeren Dingen des Lebens.

»Eigentlich«, sagt sie dieses Mal, nach dem dritten Glas Wein, »könnte ich mir das Leben mit einem Mann gut vorstellen, solange er nicht hier einzieht.«

Bea lebt in einer wunderschönen Altbauwohnung mit Balkon am Steinplatz, in der Nähe der Universität der Künste. Sie gehört ihr, und als Peer, ihre große Liebe, nach fünfundzwanzig Jahren auszog, hat Bea gleich auch alle Erinnerungsstücke an die gemeinsame Zeit entsorgt und sich neu eingerichtet.

Sie schiebt sich ein Brötchen mit Ziegenrolle und Feigensenf in den Mund und spricht, nachdem sie es genüsslich vertilgt hat, weiter: »Aber die Männer in meinem Alter wollen alle junge Frauen. Und das geht nicht nur mir so. Letzthin habe ich mit Marlies und Rebecca darüber geredet, die sehen das genauso.«

Marlies und Rebecca sind ebenfalls alleinstehend, und die drei Frauen, alle nicht mehr berufstätig, machen sich ein richtig gutes Leben. Theater, Konzerte, Kino, walken, wandern, schwimmen, reisen, Sprachen lernen, das ganze Programm.

Bea sieht selbst im Bademantel noch wunderbar aus. Ihr Haar ist dicht und pfiffig geschnitten, ihre mollige Figur bestens proportioniert. Sie ist der einzige Mensch, den ich kenne, der selbst in Wanderkleidung punkten kann. Alles an ihr passt, wenn man mich fragt. Aber mich fragt sie nicht und kritisiert gern an sich herum.

»Findest du dich denn selber erotisch?« Ich schieße den Satz hinaus in unseren friedlichen Abend und weiß im selben Augenblick, dass ich eine Randzone betrete, in der es gefährlich werden kann.

Bea hat im Nebenfach Philosophie studiert, und wenn sie mich aushebeln will, beginnt sie einen theoretischen, hochintellektuellen Diskurs, gegen den ein Nebel im Hochland eine durchsichtige Sache ist. Doch jetzt klappt sie den Mund auf, lässt ihn für eine Weile offenstehen und bricht dann in Gelächter aus: »Spinnst du? Was soll an mir erotisch sein?«

*»Und wie bitte soll dich ein Mann erotisch finden,
wenn du dir das selbst nicht glaubst?«*

Bea ist so erstaunt, dass sie ausnahmsweise lange schweigt,
bevor sie mir eine Antwort gibt: »So habe ich das noch nie
gesehen. Darüber muss ich jetzt nachdenken …«

Wieder zu Hause in Wien fällt mir ein, dass ich vergessen
habe, ihr eine Frage zu stellen. Ich rufe sie an. Ich weiß, dass sie
ehrlich antworten wird, wir kennen uns lang genug, um Wahr-
heiten ungeschminkt zu verkraften.

»Bea, findest du mich erotisch?«

Sie lacht glockenhell, und ihre Antwort kommt ohne Zögern.

»Was für eine blöde Frage! Natürlich finde ich dich erotisch.
Manchmal bist du sogar richtig sexy, zum Beispiel letzten
Herbst, als du in Berlin aus deinem Roman gelesen hast. Diese
rote Jacke und deine langen Beine … Wunderbar!«

»Und du, was glaubst du, unterscheidet dich von mir?«

Sie schweigt und redet dann davon, dass sie den Scheiß-
regen satt hat. Ich denke an den Satz meiner geliebten Tante
Mitzi, die immer zu sagen pflegte: »Die Selbstwahrnehmung
ist ein Hund«, und damit sagen wollte, dass sie ihre herrlichen,
rotblonden Naturlocken, die sie als »Matratze« bezeichnete,
hasste, obwohl alle anderen sie hinreißend fanden.

Und wie ist das bei mir? Es gibt Tage, da fühle ich mich so
unattraktiv, da könnte ich durch einen Kanaldeckel fallen und
niemand würde bemerken, dass ich verschwunden bin. Aber
diese Tage gab es immer. Auch als ich dreißig war. Und es gibt
Tage, da spüre ich meine Erotik in jeder einzelnen Zelle. Und
manchmal, und das ist das Wunderbare daran, hat dieses Gefühl überhaupt nichts mit dem anderen Geschlecht zu tun.

Da überflutet es mich, weil ich mich traue, auf meinem eigenen Geburtstagsfest französische Chansons zu singen, oder weil die Sonne aufgeht und ich auf einem Berggipfel sitze, der anstrengend zu erklimmen war, oder weil ich mein knallrotes, enges Kleid trage.

Und dann bin ich wieder für einen Augenblick in Berlin. Vor fünfundzwanzig Jahren. Die legendäre Schauspielerin Lotti Huber tanzt und singt und verkleidet sich für mich, als ich sie für mein Buch »Verschwiegene Lust, Frauen über 60 erzählen von Liebe und Sexualität« interviewe. Damals, sie ist leider schon gestorben, war sie achtundsiebzig und hatte gerade ihr Buch »Diese Zitrone hat noch viel Saft« veröffentlicht. Ich mache es mir bequem und lese nach Jahren wieder einmal nach.

»Die Erotik ist eine Sublimation der Sexualität. Wenn ich die nicht hätte, dann könnte ich gar nicht arbeiten, dann wäre ich fossilisiert, dann hätte ich keine Ausstrahlung. Sexualität ist die einfachere Form. Das ist, wenn der Ochs«, so sagte sie, »es mit der Kuh treibt. Daran habe ich kein Interesse mehr. Der Akt, den Penis eines Mannes in mich eindringen zu fühlen, was ist das schon? Ein Feuer, das rasch verlöscht. Die Erotik hört nie auf. Die Nähe, die Berührung, die Atmosphäre, all das ist viel wichtiger. Aber Erotik ist auch, wenn ich eine schöne Vase sehe oder einen schönen Stoff oder einen schönen Schmuck. Erotisch ist meine Katze, wenn sie mit ihren wunderbaren Bewegungen durch mein Studio geht. Erotik ist eine schöne Hand, ein schöner Mund, wie einer ein Glas füllt, wie er sich über die Stirn streicht, wie er ein Buch nimmt …«

Ich rufe noch einmal Bea an: »Kannst du dich noch an Lotti Huber erinnern? Lies wieder einmal die ›Verschwiegene Lust‹, dort findest du eine Anleitung, wie es klappen könnte!«

Sechsmal Sex

Erstens: Wofür sind wir zuständig?

»Je älter die Männer werden, desto geschickter müssen die Frauen sein.« Der Satz kommt ganz natürlich und flockig dahergetänzelt. Gesagt hat ihn ein Mann, seines Zeichens Sexualtherapeut. Aufgeschrieben hat ihn eine Frau, ihres Zeichens Journalistin einer der größten Tageszeitungen des Landes. Es ging in ihrem Artikel um unser Liebesleben und um die Frage, ob Sex in einer Beziehung drei Jahrzehnte überdauern kann.

Ja, sie kann, meinte der Sexualtherapeut, aber eben nur dann, wenn die Frauen geschickt genug sind, ihre Männer noch ausreichend zu erregen und ihnen gleichzeitig Intimität und psychische Nähe zu geben. Dass dieser Sexualtherapeut, weit jenseits der Jünglingsgrenze, diesen Machosatz von sich gegeben hat, wollen wir ihm verzeihen. Wir sind daran gewöhnt, dass die männliche Emanzipation hinter der weiblichen herhinkt. Weitaus bedenklicher war, dass die deutlich jüngere Journalistin diesen Satz unkommentiert an den Schluss ihres Artikels setzte.

Alles klar? Wir als Dienerinnen unserer Männer, zuständig für ihre Erregung! Und vielleicht auch noch für eine saubere Wohnung, für gewaschene und gebügelte Hemden und für ein gutes Essen vor dem Sex, wenn wir uns vom Hausmütterchen in die Hure verwandeln …

Ja, die Sexualität kann Jahre überdauern. Wenn beide sich dafür zuständig erklären, wenn beide sich ihre Lebendigkeit erhalten, wenn beide für sich selber interessant bleiben und wenn beide Raum schaffen für Begegnungen außerhalb des routinierten Alltags. Und wenn wir so weise sind zu verstehen, dass nach vielen Jahren Beziehung die wunderbare Weiterentwicklung der »wilden Geilheit« Vertrautheit und Hingabe sind. Und wilde, erotische Momente nur durch Kreativität, Bewusstsein und kluge Inszenierungen entstehen.

Die Geschichten, die ich hier erzähle, sind wahr, die Namen jedoch geändert. Es ist noch immer nicht natürlich für uns, über unser Liebesleben frei zu reden.

Zweitens: Die Dürre und das Fließen

Es geschah so unmerklich, dass es nicht einmal weh tat. Die Leidenschaft zwischen ihnen vergilbte wie ein altes Foto, das schon lange niemand mehr angeschaut hatte. Manchmal dachte Elvira an früher und erinnerte sich daran, dass Paul ihr einmal nach einer leidenschaftlichen Nacht gesagt hatte: »Ich kann mir nicht vorstellen, jemals mit einer Frau zu leben, mit der ich keinen aufregenden Sex habe.«

Er lebte noch immer mit ihr.

Nicht, dass sie einander nicht liebten. Daran lag es nicht. Es war einfach so, dass die zunehmende Vertrautheit sich wie ein bequemes Sofa einen so großen Platz in ihrem Leben erobert hatte, dass die Fremdheit, die Geilheit, die Entdeckungsfreude, die Blicke, die alles entzünden konnten, dass all das vollständig eingeschlafen war.

Elvira übersah geflissentlich, dass sie ihre Erotik inzwischen längst in ihrer Arbeit gefunden hatte. Sie war im letzten November siebenundsechzig geworden, erfand noch immer Mode für Frauen und steckte ihre ganze Kreativität und Leidenschaft in das Unternehmen, das sie von ihrem Vater geerbt hatte.

Bis Leo kann.

Er lag eines Tages in einem Pappkarton vor ihrem Haus und sollte eigentlich nur so lange bleiben, bis er sich vom Skelett in ein präsentables Kätzchen verwandelt hatte, damit sie ihn herschenken konnten. Aber Leo blieb und brachte Elviras Erinnerung zurück.

Sie sah Paul zu, wie er mit seinen kräftigen, schönen Händen hingebungsvoll die Katze streichelte, und ihr Körper reagierte mit Eifersucht. Sie erinnerte sich schmerzhaft daran, dass früher sie es war, die so gestreichelt wurde.

Und plötzlich wurde sich Elvira schmerzlich bewusst, dass sie, ohne es zu bemerken, einfach verdorrt war. Ihr Frausein war zur Wüste geworden, und als sie so unerwartet vor dieser großen Leere stand, spürte sie das Ende ihrer Beziehung in jeder einzelnen Zelle.

Elvira sagte nichts. Es war so schockierend, was in ihr vorging, dass ihr sofort klar wurde, dass sie diese Gefühle unter Verschluss halten musste. Sie brauchte Zeit. Man warf einen Mann wie Paul nach vierzig Jahren Ehe nicht weg wie einen alten Handschuh.

Nach einer Woche mit Leo konnte er nicht mehr aufstehen, um sie zu begrüßen, wenn sie nach Hause kam, weil die Katze auf seinem Schoß lag. Sie schnurrte unter seinen Berührungen wie eine Nähmaschine.

Für Elvira fing eine innere Eiszeit an, die sie kunstvoll verbarg. Im Verbergen von Gefühlen war sie Meisterin. Sie hatte diese Kunst als Kind gelernt und konnte mühelos eine leblose

Hülle nach vorne schicken, die sprach und lachte und warmherzig tat …

Paul merkte nichts. Oder tat so, als ob er nichts merkte.

Und eines Tages wurde das Schauspiel so unerträglich, dass Elvira gehen musste. Sie ging nicht wirklich. Sie sagte nur: »Ich bin überarbeitet, ich brauche etwas Zeit für mich«, und buchte eine Reise in die Wüste. Die Wüste, so dachte sie, entsprach der Wüste in ihrem Inneren, diesem verdorrten Frausein, das sie plötzlich überwältigt hatte. Warum nicht die äußeren Bedingungen den inneren anpassen?

Die Gruppe war klein, es waren nur sechs Frauen, die miteinander reisten. Die siebte Frau war die Reiseleiterin und hielt sich meistens im Hintergrund. Sie sorgte dafür, dass die angekündigte Stille möglichst wenig gestört wurde und dass Koch, Kameltreiber und Führer zur passenden Zeit an der passenden Stelle waren.

Die ersten drei Tage sprach Elvira so gut wie nicht. Sie spürte plötzlich eine Erschöpfung so groß wie der Ozean und versuchte, nicht darin zu ertrinken. Die meiste Zeit verbrachte sie mit Aggressionen gegen sich selbst und gegen Paul.

Sie dachte daran, wie sie früher übereinander hergefallen waren und dass es sogar einmal einen Punkt gegeben hatte, an dem sie sich, weil sie so unterschiedlich waren, eigentlich verlassen wollten. Aber der Gedanke, dass sie niemals mit einem anderen Mann so guten Sex haben konnte, hatte Elvira damals die Krise überwinden lassen.

Am vierten Tag war sie endlich bei sich selber angekommen, und es gelang ihr, einfach nur ihren Körper wahrzunehmen. Dieses Wunderwerk, das sie so tapfer durch ihr ganzes Leben begleitet hatte. Und plötzlich spürte sie ihre Zärtlichkeit für ihn. Es war ein warmes, gutes Gefühl, und sie schloss Frieden damit, dass die Erregung offenbar der Jugend gehörte.

Als sie nach einer Woche wieder nach Hause fuhr, hatte sich auch dieses Gefühl wieder gewandelt, und sie nahm ihre neu erblühte Sexualität, die sie in der Nacht im Schlafsack neu entdeckt hatte, als Forschungsprojekt in ihren Alltag mit.

Wie die Geschichte mit Paul weiterging?

Ich weiß es nicht.

Ich war nur eine Frau, die ihr am Lagerfeuer begegnet ist, und weil ich eine Fremde war, konnte sie mir im Schutz der Dunkelheit ihre Geschichte erzählen.

Ein Jahr später. Ich sehe Elvira und ihren Mann zufällig am Graben, dieser altehrwürdigen Flaniermeile in der Wiener Innenstadt. Sie gehen Hand in Hand wie ein verliebtes junges Paar, und er küsst sie zärtlich in den Nacken, während sie ihre lindgrüne Handtasche schwingt wie eine kühne Amazone.

Zu Hause krame ich den Zettel mit ihrer Telefonnummer heraus, den sie mir am Lagerfeuer in der Wüste zugesteckt hat. »Wie hast du das gemacht?«, frage ich sie.

Aus diesem kurzen Telefongespräch wird ein langer Spaziergang im Wienerwald, bei dem sie mir das Rezept verrät, das keines ist.

»Als ich aus der Wüste zurückkam, war ich wild entschlossen, Paul zu verlassen. Ich fühlte mich wie in einer zweiten Pubertät und wollte einen Mann, der mich begehrt und bemerkt. Ich wartete täglich auf den passenden Moment, um es ihm zu sagen, und beobachtete ihn. Ich sah ihm zu, wie er beim Frühstück von seinem Brot den Honig tropfen ließ, wie er das Weiße vom Ei übrig ließ und später aß. Ich hörte ihn, wenn er am

Abend nach Hause kam, weil er die Musik im Auto so laut spielte, noch ehe er die Türe öffnete. Ich spürte seinen warmen Körper, an den ich mich seit so vielen Jahrzehnten kuschele. Und je mehr ich diesen Mann, der mir fast so vertraut ist wie ich mir selbst, beobachtete, umso mehr spürte ich meine Liebe zu ihm. Bei allem, was mir in meinem Alltag mit Paul so lieb war, erlitt ich schon den Abschied, den ich noch gar nicht genommen hatte. Die vielen tausend kleinen Gesten, die gewohnten Rituale. Alles vermisste ich, noch ehe ich gegangen war.«

Nach zwei Wochen wusste Elvira, dass sie lieber auf Sex als auf diese tiefe Bindung verzichten würde, die ihr so wichtig war. Das war ihr erster Schritt.

»Der zweite war dann nicht weniger spannend. Ich beschloss, dass ich diesen Teil, den ich mit Paul verloren hatte, woanders abdecken würde. Dezent und diskret. Und noch ehe ich mir überlegt hatte, wie ich am besten vorgehen sollte, bot sich eine Gelegenheit. Der Mann war deutlich jünger und ganz offensichtlich interessiert. Wir waren uns schon öfter auf Messen begegnet, aber diesmal wohnten wir zufällig im selben Hotel, Zimmer an Zimmer. Es gab Blicke, kleine, fast unabsichtliche Berührungen und das Wissen, dass es jederzeit möglich war.

Am letzten Abend, nach einem Drink an der Bar, fuhren wir gemeinsam im Aufzug: Meine Türe ist offen, falls du nicht einschlafen kannst, sagte er ganz nebenbei, und mir war klar, dass er die Entscheidung mir überließ. Ich stand lange einfach da und sah aus dem Fenster. Will ich für diese Affäre meine Beziehung in Gefahr bringen? Die Antwort war ein klares Nein. Ich spürte mit großer Klarheit, dass meine Verbindung mit

Paul keine war, die von einem Seitensprung belebt werden könnte. Mein dritter Schritt hieß: Selbst ist die Frau.

Ich kaufte mir das Buch ›Sex for one‹ und nahm mir Zeit für mich. Es dauerte eine Weile, bis mein verdorrtes Königinnenreich wieder fruchtbar war, und als sich mein Körper daran gewöhnt hatte, von mir selbst erregt zu werden, erwachte auch wieder Paul.«

Drittens: Die Erkenntnis der reifen Jahre

Ich sah die beiden, noch ehe sie mich sahen. Sie standen nebeneinander, mehr als zwanzig Jahre später, und sahen noch immer gut aus. Er inzwischen grau geworden, was ihm gut stand, sie inzwischen gut gefärbt, was ihr ebenfalls gut stand. Sie sind also noch immer zusammen, dachte ich mir. Bewundernswert.

Magdalena und Alfred waren damals ein Traumpaar. Keine Kinder, keine Krisen, kein Geruch nach Alltag, doppelte Karrieren. Sie waren »die große Liebe«, und wenn ich wieder einmal zerzaust und erschöpft aus einem Beziehungskrach mit gutem oder schlechtem Ende auftauchte, kam ich mir immer besonders unzulänglich vor.

Dann saßen wir im Café Zartl, und ich leckte meine Wunden, während dieses Paar, souverän und diszipliniert, niemals von Katastrophen heimgesucht wurde.

Wie macht das diese Frau, war eine Frage, der ich nicht auf den Grund gehen konnte, weil Magda, wie sie in unserer gemeinsamen Schulzeit noch hieß, sich nicht in die Karten schauen ließ. Wir konnten miteinander durch die Stadt bummeln, ins Kino gehen und wandern. Über ihre Beziehung reden konnten wir nicht. Weil es nichts zu sagen gab, außer dass sie und Alfred gerade wieder einen Traumurlaub miteinander verbracht hatten.

Wenn ich mit einem Mann auf Urlaub fuhr, hatte der Traum meistens ein paar Risse, weil ich es schwierig fand, den ganzen Tag mit jemandem zu verbringen, ohne mich selbst aufzugeben.

Als die Jahre ins Land gingen und ich immer mehr verstand, dass Beziehung eine Arbeit ist, ein ständiges Weiterentwickeln meiner Persönlichkeit, geschah es, dass für eine Weile die Sexualität älterer Frauen in meinen beruflichen Mittelpunkt rückte.

Magda fand mein Buch »Verschwiegene Lust, Frauen erzählen über Liebe und Sexualität« völlig übertrieben und unappetitlich.

»Wer soll das glauben«, sagte sie, »dass diese Alten noch immer so einen Spaß dabei haben? Das ist doch dann längst vorbei.«

Wir waren damals beide vierzig. Unsere unterschiedlichen Auffassungen waren vielleicht einer der Gründe, dass wir einander in den nächsten fünfundzwanzig Jahren nie mehr wiedersahen. Es lag aber auch daran, dass sie mit Alfred nach Belgien zog und wir uns nicht genug zu sagen hatten, um eine so große Distanz zu überwinden. Unsere Freundschaft beschränkte sich darauf, dass sie einmal im Jahr nach Wien kam und mir belgische Schokolade mitbrachte.

Und hier war es also wieder, das Traumpaar. Eine gemeinsame Freundin, die ihren fünfundsechzigsten Geburtstag feierte, hatte uns als alte Weggefährtinnen eingeladen. Der Abend war noch jung, als ich in meinen ersten Fettnapf stieg. Ich stürmte auf dieses Traumpaar zu und sagte in ehrlicher Begeisterung: »Wie schön, dass ihr noch zusammen seid.«

Ich war immerhin geschieden und hatte auch in meiner zweiten Ehe Jahre gebraucht, um zu verstehen, dass ich meinen Mann nicht nach meinen Wünschen umarbeiten kann. Die Freude der beiden, mich wiederzusehen, war echt. Der Rest peinlich. Das Paar sah einander an, und in der Stille, die sich ausbreitete, hätte viel Text Platz gehabt, der auch später, obwohl ich neben den beiden saß, nicht gesprochen wurde.

Magda zog mich, nachdem die ersten Geburtstagsreden und das Essen ohne freie Platzwahl überstanden war, am Ärmel und deutete zur Türe. Es war ein bisschen kalt auf der Terrasse des Hotels, aber als wir nach fast einer Stunde wieder in den Saal zurückkamen, hatten Magda und ich unsere verlorene Freundschaft wiedergefunden:

»Ich habe dir unrecht getan«, sagte sie und zündete sich eine Zigarette an. »Ich dachte immer, dass du eine Beziehungsneurotikerin bist mit deinen ständigen Auseinandersetzungen. Heute weiß ich, dass meine Bemühungen um Harmonie mich meine Beziehung zu Alfred gekostet haben. Als er sich in eine andere Frau verliebt hat, war es schon zu spät. Da hatten sich die vielen unausgesprochenen Probleme schon wie eine Mauer zwischen uns aufgetürmt. Wir sind noch nicht geschieden, aber es ist nur noch eine Frage der Zeit.«

Magdas Stimme klingt traurig. Aber nur für einen Moment. Dann lächelt sie breit.

»Und womit du auch recht hattest: Es stimmt, dass Sex im Alter toll sein kann. Ich erlebe Dinge, die ich mir nie hätte vorstellen können. So frei, so unbeschwert … Der Mann, mit dem ich schlafe, ist so wie ich am Ende seiner Ehe angelangt. Er will, so wie ich auch, nicht sofort eine neue Bindung. Wir schenken uns die erotische Erfahrung, die wir beide mitbringen, und probieren miteinander Neues aus.«

Magda rollt verzückt die Augen. »Ich möchte nicht ins Detail gehen. Aber eines kann ich dir sagen: Ich hatte noch nie im Leben so guten Sex wie jetzt.«

Viertens: Ins Bett kommt mir keiner mehr

Dort, wo Judith herkommt, spielte die körperliche Liebe eine Nebenrolle. Sie geschah verstohlen und ohne besonderes Engagement. Und wenn sie vorüber war, kam meistens neun Monate später ein neues Kind zur Welt. Sieben an der Zahl.

Später, als Judith erwachsen war, heiratete sie fast zufällig. Eigentlich nur, weil sie gefragt wurde, was sie erstaunte. Männer waren nicht das Hauptanliegen ihres Lebens, und wenn sie an ihre Arbeit dachte, die sie sehr mochte, dann ging ihr das Herz auf. Sie war Streetworkerin und nahm die Jugendlichen, die ihre Hilfe brauchten, bis in ihre Träume mit.

Als Martin ging, weil er ihre Ehe langweilig fand und beschloss, sich selbst zu verwirklichen, war Judith vierzig und weinte bitterlich drei Tage in meinem Arm. Dann putzte sie sich die Nase, stellte erstaunt fest, dass sie ihren Mann mehr gemocht hatte, als ihr aufgefallen war, und widmete sich wieder ihren »Kindern«.

Eigene wollte sie nie. »Ich war die Älteste und habe die sechs jüngeren Geschwister meine ganze Kindheit hindurch versorgt. Das genügt.«

Irgendwann hatte sie erstaunlicherweise eine wilde Liebschaft mit einem Mann, der immer einen schwarzen Anzug trug und wohl nur den einen besaß. Er wohnte bei ihr für ein paar Monate, weil er keinen Platz hatte, wo er hingehen konnte.

Als er in seine Heimat, die irgendwo östlich von Wien lag, zurückging, fand sie es schade. Aber mehr nicht.

»Ins Bett kommt mir keiner mehr, das brauche ich nicht«, war ihr Kommentar ein Jahr später, als ich sie fragte, ob sie sich manchmal einen Partner wünsche. Die Männer, mit denen sie ihre Abende jetzt verbringt, sind ihre »Kumpels«, die sich bei ihr ausweinen, wenn die Frauen, die sie lieben, nicht so sind, wie sie es von ihnen erwarten.

»Bist du glücklich?«, frage ich sie eines Tages, denn wir sind seit mehr als vierzig Jahren befreundet.

»Des Glück is a Vogerl«, lacht sie und packt liebevoll drei Thermoskannen und ein paar Kekse für ihre »Straßenkinder« ein.

Fünftens: Vom Glück und Unglück mit einem jungen Mann

Laura hat zwei Ehen hinter sich, von denen man nicht sagen kann, dass sie von Erfolg gesegnet waren. Ihr Glück waren ihr Beruf und ihre Tochter, die inzwischen erwachsen ist. Ein reiches Leben mit vielen guten Freunden und manchmal einen Mann im Bett, aber zumeist nur vorübergehend. Damit war sie zufrieden und vermisste wenig.

Der Tag, an dem sich das änderte, wird seit sechs Jahren mit einem fetten Rotstift von Kalender zu Kalender übertragen. Es war in einem Urlaub in Indien, als sie Rashid kennenlernte. Sie kam aus Kerala zurück, sah fünfzehn Jahre jünger aus und fühlte sich auch so.

Bis hierher passt alles noch gut zu ihrem Beuteschema. Keine innigen Bindungen mehr, keine geteilte Küche, keine verwickelten Finanzen, keine komplizierten Gespräche über Beziehungsfragen. Ein Lover in einem fremden Land, mit kleinem Sehnsuchtspotenzial, wunderbar. Ein Mann, der wegen seiner gut gehenden Geschäfte mit indischen Kostbarkeiten in seinem Land einen Status erreicht hatte, der ihn weit von der Masse vieler auf Touristinnen spezialisierter Männer, die nur von dort weg wollen, hinaushob.

Das änderte sich nach Lauras fünftem Urlaub in Indien, in dem Rashid ihr seine Heimat gezeigt hatte. Sie war auch in seinem Dorf gewesen, wo er sie seinen Eltern als »europäische Bekannte« vorgestellt hatte.

Wieder zurück zu Hause, verkündete sie mir, dass Rashid für ein halbes Jahr nach Wien kommen wird. Ich hatte Mühe, die Bewertungslawine in meinem Kopf halbwegs in den Griff zu bekommen. Wozu sollte das gut sein? Eine Beziehung ohne Perspektive, und was will dieser fast Dreißigjährige mit einer Frau, die doppelt so alt ist? Laura tat mir den Gefallen und sprach all meine Bedenken selber aus. Was allerdings nichts bewirkte, da sie entschlossen war, ihr Urlaubsglück dauerhaft in den Alltag zu integrieren.

Einen Monat, bevor er kam, trank sie keinen Wein mehr, aß nur noch drei Salatblätter am Tag und sah bei seiner Ankunft hinreißend aus.

Die ersten Tage hörte ich nichts von ihr und vermutete, dass sie herrlichen Sex hatten und das Bett nur verließen, um manchmal etwas zu essen. Doch es war ganz anders, wie ich eine Woche später von Laura am Telefon erfuhr.

»Du wirst es nicht glauben, wir haben die ersten drei Tage nur ›erkunde Europa‹ gespielt. Ich habe ihm alles gezeigt, was zu meinem Alltag gehört und wovon ich ihm so oft erzählt hatte. Wir waren beim Abschiedskonzert der österreichischen Band S.T.S., in allen meinen Lieblingslokalen, und sogar in den

Tiergarten habe ich ihn geschleppt. Und das mit dem tollen Sex ist ein Blödsinn. Er war im Bett von Anfang an so schüchtern und unerfahren, das wäre nie ein Grund gewesen, mit diesem Mann so viel Zeit zu verbringen. Es ist ganz anders, als du denkst.«

Dann war ich eine der Ersten, die ihn kennenlernen durfte, und wappnete mich mit einigen Gebeten, die mein Herz öffnen sollten. Ich habe sie nicht gebraucht. Rashid ist ein kluger, gebildeter, weit über seine Jahre hinaus reifer Mann, und ich verstand Laura, auch wenn ich weiter bei meiner Einschätzung der fehlenden Perspektive blieb. Darüber hinaus ist er auch noch schön und sieht aus wie aus einem Katalog für Wunschmänner.

Nach einem halben Jahr fuhr er wieder in seine Heimat zurück, und es war klar, dass aus dem gemeinsamen Alltag nichts wird. Nicht, weil die beiden sich nicht verstanden hätten. Im Gegenteil. Laura hatte wochenlang Liebeskummer und vermisste ihn vom Frühstück bis zum Abendessen und besonders in der Nacht.

»Dort, wo er herkommt, ist er der stolze Vorsitzende seines Clans und ernährt mit seinen Shops die Großfamilie. Hier bei uns ist er ein Ausländer, der ›toy boy‹ einer Frau, deren sozialen Status er nie auch nur annähernd erreichen kann.«

Was daraus wurde? Ein paar glückliche Jahre mit viel Sehnsucht, weil Indien für kleine Treffen dazwischen einfach zu viele Flugstunden entfernt ist.

Eine gewisse Ernüchterung, weil seine Kultur nicht vorsieht, dass eine ältere Europäerin von der Gesellschaft akzeptiert wird. Die Familie hat ihr zwar inzwischen den Status des

»family member« gegeben, nicht ohne darauf hinzuweisen, dass es andere Pläne gibt für ihren Sohn.

Ein paar Versuche von Laura, sich von ihm zu trennen, weil sie sich einem Alter nähert, in dem es am Wochenende mehr braucht, als stundenlange Gespräche und Sex via Skype, waren bisher ohne durchschlagenden Erfolg.

In den letzten Wochen hat sie eine ganze Serie von Männern kennengelernt, weil eine Freundin, die sie vor einem einsamen Alter schützen wollte, ihr zum sechzigsten Geburtstag ein Abo bei einer Partnervermittlungsagentur geschenkt hat.

»Du kannst dir nicht vorstellen, was ich für Typen kennengelernt habe! Da bleibe ich lieber für den Rest meines Lebens allein.«

Aber noch gibt es Rashid.

Über den sie nach wie vor sagt: »Er ist mein Seelenpartner. Das geht weit über alles hinaus, was ich bisher erlebt habe. Und das ist mehr, als die meisten meiner Freundinnen in konventionellen Beziehungen jemals erfahren haben. Ich bereue nichts!«

Sechstens: Und was ist mit meiner Sexualität?

Ich war vierzehn, als mein Vater mich eine Hure genannt hat, weil er mich im Treppenhaus mit meiner großen Jugendliebe erwischt hat. Wir haben einander geküsst und meine Bluse stand offen. Ich habe mich so geschämt, dass ich nur noch sterben wollte.

Ich war achtzehn, als ich lernte, dass Sex wunderbar ist. Mein Lehrmeister war Franzose, mindestens zehn Jahre älter als ich, und hat mir eine große Zukunft als begabte Geliebte prophezeit.

Ich bin seinem Rat gefolgt und hatte Sex in vielen Situationen, die nicht immer mit mir und meinen wahren Wünschen zu tun hatten.

Ich habe Nähe gesucht und mit Sex bezahlt.

Ich habe Bestätigung gebraucht und sie im Bett gefunden.

Ich konnte nicht Nein sagen und bin mit einem schalen Geschmack im Mund erwacht.

Und oft war Sex auch einfach wunderbar. Geil und ungehemmt und frei.

Ich war dreißig, als ich meine sexuelle Freiheit aufgab und mich in einer Elternschaft verlor, in der ich vergaß, dass ich eine Frau war.

Ich war vierzig, als ich einen Neuanfang wagte und in die Tiefe ging. Als Mensch und als Frau. Mit dem Mann, den ich heute noch immer liebe und mit dem ich lebe.

Und wo stehe ich jetzt?

Was bedeutet für mich Sexualität mit fünfundsechzig Jahren?

Ist dieser Brunnen, der am Anfang meines Lebens als Frau schon verschüttet wurde, wirklich ganz frei?

Bin ich die, die ich bin, wenn ich nicht daran denke, wer ich sein sollte und wer ich schon war?

Wen soll ich fragen?

Mich.

Und wieder, wie so oft in meinem Leben, starte ich neugierig ein Forschungsprojekt.

Das privat bleibt.

Denn in der Tiefe meines Wesens bin ich noch immer schüchtern.

Gern verrückt, und die Fülle ist überall

Das neue Jahr beginnt traditionellerweise mit meinen Tarot-karten. Ich verstehe nicht viel davon, aber genug, um mir drei Fragen zu stellen: Worum geht es? Was ist zu tun oder zu lassen? Was ist der Ausgang?

Ich freue mich über die Karte »Die Fülle«, und weil ich immer wieder im Strudel meines Alltags meine Ausrichtung verliere, beginnt das neue Jahr trotzdem mit Angst. Angst davor, dass meine Neuorientierung in eine Katastrophe mündet, dass mein Herzenswunsch, Menschen in der Natur zu ihrer eigenen Natur zu begleiten, im Desaster endet. Kein Geld, kein gutes Leben, alles wird den Bach hinuntergehen.

Das ist tatsächlich noch nie passiert, obwohl ich schon gezählte sechs Mal erfolgreich meine Berufung gewechselt habe. Doch wenn ich mitten drin stecke, habe ich ein Brett vor dem Kopf und weiß nichts mehr davon. Selbst der gut gemeinte Satz meines Mannes: »Mich gibt es doch auch noch« eröffnet mir das Horrorszenario einer abhängigen Frau, die darum betteln muss, wenn sie sich neue Strümpfe kaufen will. Mein Kopfkino dauert ein paar Tage, dann schickt das Universum mir eine Metapher, die mich zum Lachen und wieder in Balance bringt: Wir hatten einen Gartenzwerg.

Er war schon da, als wir das Haus kauften, in dem wir heute

leben, und bewachte das Gartentor. Seine rote Mütze aus Kunststoff war schon ganz ausgebleicht und seine Nase grau. Ich mochte ihn trotzdem, und er durfte bleiben, obwohl Carl Gartenzwerge nicht ausstehen kann.

Nach dem großen Hochwasser im letzten Jahr war er verschwunden. Weggeschwemmt. Und ich war froh, dass ich aus den Fluten einen anderen Gartenzwerg retten konnte. Es war wie ein kleines Wunder. Einer schwimmt davon, und ein anderer kommt. Er sitzt seither vor unserer Türe und liest ein Buch. Seine Besitzer haben sich nie gemeldet.

Doch seit gestern ist auch unser alter Zwerg wieder da! Er hat das Hochwasser nur zu einem Ausflug genützt und ist im Garten unseres Nachbarn gelandet. Dort habe ich ihn gestern zufällig entdeckt. Jetzt sitzt er wieder an seinem alten Platz und erinnert mich daran, dass von allem genug da ist und manches sich sogar verdoppelt.

Als ich Carl erzähle, dass unser heimgekehrter Gartenzwerg mir hilft zu vertrauen, dass die Fülle in meinem Leben bleibt, sagt er nur trocken:

»Das wirst du doch nicht in deinem Buch schreiben?«

»Weil die Leute dann glauben, dass ich eine verrückte Alte bin?«, frage ich vergnügt.

»Das könnte gut sein.«

Ich bin gern eine verrückte Alte. Weil mir auffällt, dass die Fülle überall ist. In den kleinsten Dingen finde ich sie. In einer Dattel, die mir der Gemüsehändler schenkt, in einem Schluck Wasser, den mir jemand aus seiner Flasche gibt, weil ich meine vergessen habe, im Laub, das so großzügig unter meinen Füßen raschelt, wenn ich durch den Wald streife, im Sonnenstrahl, der mich im Winter wärmt, in der Pracht der

Pflanzen in unserem Garten oder in einem öffentlichen Blumenbeet ...

Und weil wir schon dabei sind: Die Menschen in unserem Dorf, zwanzig Kilometer von Wien entfernt, in das wir vor fünf Jahren übersiedelt sind, halten mich wahrscheinlich sowieso für verrückt. Und die Geschichte damals hat sicher die Runde durch alle vier Wirtshäuser gemacht:

Meine wilde Nomadin hat Ausgang. Der Anlass ist nicht wünschenswert, aber ein Faktum: Unser Haus steht einen Meter fünfzig hoch im Wasser. Keller und Nebenräume sind überflutet, die Wohnebene verschont, weil es auf Stelzen steht.

Es ist ein Kommen und ein Gehen, das vorgesehen ist. Unser Paradies ist ein Sonderbaugebiet, und wenn die Donau über ihre Ufer tritt, kommen ihre Fluten zu uns. Gott sei Dank ohne den Schlamm, der ganze Landstriche verwüstet.

Mein Kajak, mit dem ich – wie viele andere auch – jetzt zu unserem Haus fahren könnte, schwimmt leider in unserem Abstellraum, weil ich in Griechenland getanzt habe, als die Hochwasserwarnung kam.

Meine Nomadin findet das nicht tragisch. Sie leiht sich bei Freunden ein Kinderschlauchboot aus und fährt frohgemut zum Haus. Sie wird es niemandem sagen, aber für sie ist das ungezähmte Wasser, das sich ungeniert so viel Raum nimmt, ein willkommenes Abenteuer, eine Erinnerung an ihre Wildnatur.

So sehe ich mich.

Am Ende der Straße, ich bin schon fast am Ziel, obwohl das Kinderboot nur ein Paddel hat, kommt plötzlich die Feuerwehr mit ihrem Highspeedboot in schnellem Tempo auf mich zugefahren. Panik. Sie haben einen Einsatz, der wichtig ist, und ich kann mit meinem einarmigen Gefährt nicht rasch genug ausweichen.

Ich habe es nicht gleich begriffen, dass ich der Einsatz bin. Ich versuche, zu protestieren, aber sie bestehen darauf, mich zu unserem Haus zu eskortieren. Obwohl ich eine ganz gute Kanutin bin, obwohl ich nicht in Gefahr war und obwohl viele andere die Wasserstraßen, die in unserem Alltag unsere Geh- und Autowege sind, ebenfalls benützen.

Wahrscheinlich hat die Tatsache, dass ich auf dem kurzen Stück bis zu unserem Gartentor auch noch darauf bestanden habe, den oben beschriebenen Gartenzwerg zu retten, sich auf meinen guten Ruf nicht sonderlich gut ausgewirkt.

Die Auflösung des Rätsels, warum gerade ich aufgehalten wurde, kommt viele Monate später, als ich Harry, einem der netten Feuerwehrleute, in unserer Hafenschenke begegne. Bei einem Glas Bier klärt er mich auf: »Wir waren auf einer Kontrollfahrt, als ein Mann in einem Ruderboot uns davon verständigt hat, dass eine ältere Frau hilflos in einem Kinderschlauchboot mit einem Paddel durch die Straßen treibt.«

Danke für die Fürsorge, ihr lieben Dorfbewohner. Hier bin ich gut aufgehoben, und ich plane auch die nächsten Jahrzehnte, eine fitte, gesunde Alte zu bleiben, die mit ihrem Kajak durch unsere Donau-Auen fährt und ab April im kalten See schwimmt. Auch wenn mich dann manche für total verrückt erklären werden.

Ein halbes Jahr später, noch einmal das Thema »verrückt«:

 »Bist du schon einmal auf die Idee gekommen, dass die durchschnittlichen Spießer dich für verrückt halten?«

Gudrun sagt den Satz und beugt sich über den Tisch zu mir herüber. »Ich frage dich das ganz schüchtern und fast zärtlich.«

Mir fällt vor Überraschung das Huhn von der Gabel. Diese zurückhaltende Frau, die in dem Schauspielkurs, den wir gemeinsam am Starnberger See besuchen, nur wenig von sich zeigt, macht mir so eine kühne Offenbarung. Gudrun missversteht meine Verblüffung und geht noch einen Schritt weiter: »Ich bin selber eine Zaunreiterin, ich meine das nicht böse.« Sie sagt »Zaunreiterin«, diesen Namen für »gute« Hexen, im Flüsterton, obwohl wir allein am Tisch des Seminarzentrums sitzen. »Ich erzähle niemandem etwas von meinen Fähigkeiten und unterdrücke sie, so gut ich kann. Ich war als Kind so einsam, dass ich die Tore zur anderen Welt offen halten musste, weil es nichts anderes gab in meinem Leben. Aber man macht nur schlechte Erfahrungen damit, darum halte ich meistens meinen Mund.«

»Und warum bin ich verrückt?«, frage ich sie.

»Weil du den See vor unserer Türe für ein Wesen hältst, weil du mit Pflanzen sprichst, weil deine Romanfiguren sich selbständig machen und deine Texte vom Himmel fallen und dir einfach gegeben werden.«

»Und wenn wir das einfach Verbundenheit mit der Welt nennen?«

»Das weiß ich doch«, flüstert Gudrun. »Aber die anderen wissen es nicht.«

Es ist erst ein paar Jahrhunderte her, da hätten mich einige meiner Verrücktheiten das Leben kosten können. Da wurden Frauen, die durch ihr Anderssein aufgefallen sind, auf grausame Art und Weise hingerichtet oder auf dem Scheiterhaufen verbrannt. Millionen von Heilerinnen, Geburtshelferinnen, Kräuterheilkundige, Hellsichtige, sie alle waren in ständiger Lebensgefahr.

Und heute?

Heute halten mich manche einfach für verrückt – und das ist ein Adelsprädikat, auf das keine weise, ältere Frau verzichten sollte.

Raus aus den fremden Schuhen

»Ich möchte, dass Sie mich in Ihrer Geschichte ›Frieda‹ nennen. Meinen echten Namen gebe ich nicht preis, weil ich mich schäme, dass ich fast mein ganzes Leben in fremden Schuhen gegangen bin, ohne es zu merken.«

Die Frau, die sich Frieda nennt, hat auf ihrem Teller mein Lieblingsgericht, und wie ich kommt sie genau deswegen hierher, in dieses kleine Restaurant in Schwabing. Am Anfang war es für sie schwer, die Hürde zu überwinden, erzählt sie mir, als Frau allein an einem Tisch zu essen. Heute sitzt sie neben mir. Sie fällt mir auf, weil sie vermutlich in meinem Alter ist und auf ihrem feinen, hübschen Gesicht der Rest eines verzagten Ausdrucks wie ein kleiner Schleier liegt. Als wir später durch den Englischen Garten spazieren, ist dieses Verzagte ganz verschwunden, und sie erzählt mir ihre Geschichte.

»Mein Vater hatte einen Handwerksbetrieb, und es war klar, dass mein jüngerer Bruder ihn übernehmen wird und ich heiraten werde. Das war mein vorgesehener Beruf, auf den ich vorbereitet wurde. Mit einer dreijährigen Hauswirtschaftsschule, die mich nicht besonders interessiert hat. Ich wollte gerne Goldschmiedin werden. Die filigranen Arbeiten aus diesem edlen Material haben mich schon als Kind fasziniert. In unserer Straße gab es einen Goldschmied. Der hat mich in seiner Werkstatt zusehen lassen, und ich durfte ihm manchmal helfen. Doch als er starb, wurde das Geschäft geschlossen, und mein Traum versank in einem Alltag, der aus kochen, helfen, Geschirr abwaschen, abstauben bestand – und ›die Männer‹ in unserer Familie bedienen. Das hat meine Mutter schon so gemacht, und ich habe es übernommen.

Als Rudi mir den Hof machte, habe ich nicht lange überlegen können, ob er mir gefällt. Meine Eltern waren begeistert, weil seinen Eltern das größte Sportgeschäft im Ort gehörte. Sie haben unsere Beziehung stark gefördert und ihn als ›gute Partie‹ bezeichnet, die man nicht auslassen darf.

Es war ganz klar, als ich schwanger wurde, dass Rudi und ich heiraten müssen. Er war ein guter Mann. Aber ein Einzelkind, nach dessen Pfeife schon seine Eltern tanzten und später dann ich.

Es gab einmal einen Film, in dem eine Frau nach mehreren Beziehungen nicht mehr wusste, wie sie ihr Frühstücksei mochte. Rudi war meine einzige Beziehung, aber ich habe mich ihm so angepasst, und er hat das auch erwartet, dass ich meine eigenen Wünsche überhaupt nicht kennenlernen konnte.

Unsere Tochter ist unser einziges Kind, weil ich eine Unterleibsoperation hatte und dann keine Kinder mehr bekommen konnte. Damit war auch unsere Sexualität beendet. Rudi hatte unauffällige Affären mit anderen Frauen, und ich habe es geduldet. Ich habe ihm nie gesagt, dass mich das zutiefst trifft, ich habe ihm nicht einmal gesagt, dass ich es weiß. Ich dachte, wenn ich wegschaue und das genieße, was ich mit ihm habe, dann ist das besser für alle. Vor allem für unsere Tochter.

Wir waren ein Paar, das sich nicht mehr viel zu sagen hatte, als er plötzlich an einem Herzinfarkt starb und ich mit zweiundsechzig Jahren völlig unvorbereitet alleine war. Und weil ich total unselbständig war und nicht einmal wusste, bei welcher Bank mein Mann sein Konto hatte, habe ich mich an meine Tochter angelehnt. Ich habe sie bei jeder kleinen Kleinigkeit gefragt und von ihr erwartet, dass sie mir jetzt sagt, wo's langgeht.

Im ersten Jahr nach Rudis Tod hat sie das auch brav getan und mich total unterstützt. Und dann ist sie gegangen. Einfach nach Paris gezogen. Sie hat von ihrem Unternehmen in München die Chance bekommen, eine neue Zweigstelle in Frankreich zu leiten, und ist mit fliegenden Fahnen geflüchtet. So verstehe ich das heute.

Und recht hatte sie. Doch für mich ist damals eine Welt zusammengebrochen. Ich sehe sie noch vor mir, wie sie mir aus ihrem vollbeladenen Auto glücklich und so, als ob ihr ein Stein vom Herzen fiele, aus dem offenen Fenster nachwinkt.

Als Geschenk hat sie mir ein Buch zurückgelassen: ›Raus aus den alten Schuhen‹ von einem Robert Betz. Ich habe es zur Seite gelegt und ein ganzes Jahr nicht angeschaut. Stattdessen bin ich in eine tiefe Depression versunken, weil ich plötzlich niemanden mehr hatte, für den ich sorgen konnte. Wer bin ich, wenn es nur noch um mich geht? Ich hatte keine Ahnung.

In dem Buch gibt es eine Stelle, in der steht, dass die meisten Menschen depressiv werden, weil sie sich den alten Schmerzen nicht stellen, weil sie nicht eintauchen in ihr Leid, um dann gestärkt das Alte hinter sich zu lassen und neu zu starten. Als ich das las, war es, als ob ein Damm bricht. Ich habe tagelang geweint und dann eine Therapie begonnen. Es war nicht einfach zu ertragen, dass meine Verzweiflung bis in meine Kindheit zurückreichte. Dass diese kleine Frieda, die immer brav und still sein musste und die nie gefragt wurde, was sie will, plötzlich so laut und drängend da war.

Als es mir besser ging, habe ich zufällig Birgit wiedergetroffen. Wir waren miteinander in der Hauswirtschaftsschule. Sie ist geschieden und hat mich überredet, mit ihr für einen Monat in ein griechisches Dorf nach Kreta zu fahren.

Dort habe ich dann allmählich begriffen, was Freude ist. Das letzte Mal habe ich mich so gefreut, als meine Tochter zur Welt kam, und das ist mehr als dreißig Jahre her. Es war so köstlich, so neu und unbekannt, mich den ganzen Tag nur darum zu kümmern, was ich will.

Im Dorf lebte eine Deutsche, die eine kleine Schmuckwerkstatt hatte. Wir haben uns angefreundet, und eine Weile habe ich ihr einfach zugesehen und mit ihr Kaffee getrunken. Dann wurde ich ihr Lehrling, und sie hat mir gezeigt, wie man schöne Ohrringe und Armbänder macht. Im nächsten Sommer, wenn für sie Hochsaison ist, werde ich zwei Monate zu ihr fahren und ihr helfen. Sie will mich dann für meine Arbeit auch bezahlen.

Als ich nach München zurückkam, habe ich mir Material besorgt und mein Wohnzimmer in eine Werkstatt verwandelt. Den Schmuck verkaufe ich im Augenblick noch nicht, weil ich mich noch nicht traue. Aber ich schenke ihn Freundinnen, und die bringen wieder andere Freundinnen zu mir, die mir meistens freiwillig etwas dafür geben.

Mein Mann und ich hatten sehr für uns gelebt, und ich hatte kaum soziale Kontakte. Und jetzt habe ich plötzlich einen großen Freundeskreis und vielfältige Interessen.

Einer der Gründe, warum ich auch nicht möchte, dass Sie meinen wahren Namen schreiben, ist der, dass Birgit und ich uns ineinander verliebt haben. Sie hatte schon Erfahrung mit Frauen. Ich war am Anfang schockiert, als sie mir in Kreta bei einem Glas Retsina ihren Arm um die Schultern gelegt und mich aufs Ohr geküsst hat.

Inzwischen sind wir ein Paar. Noch heimlich, weil ich mich auch ein bisschen davor fürchte, was die anderen sagen. Vor allem meine Tochter. Mein Gott, eine Mutter, die lesbisch ist! Vielleicht bin ich es auch gar nicht. Ich genieße diese Zärtlichkeit, dieses einander zugewandt Sein, dieses Vertraute und gleichzeitig Wilde zwischen uns. Ich weiß noch nicht, wo meine Reise hingeht. Ich habe so lange immer auf das gehört, was andere von mir wollten, dass ich vorsichtig bin.

 ›Wer bin ich?‹, das ist die wichtigste Frage für mich im Augenblick.«

Es ist schon fast dunkel, als ich mich von Frieda verabschiede. Sie winkt mir aus dem dritten Stock ihrer Wohnung in der Türkenstraße nach, in die sie mich nach unserem Spaziergang eingeladen hat. Meine neuen Ohrringe, kleine, türkisfarbene Steine, in Silber gefasst, die sie mir geschenkt hat, sind für Frieda ein Zeichen für ihr neues Leben.

»Unser Gespräch über die anderen Frauen, die dir ihre Geschichte erzählt haben, hat mir Mut gemacht«, sagte sie zum Abschied. »Ich werde jetzt noch einmal richtig neu anfangen, vielleicht mache ich sogar noch eine Ausbildung zur Goldschmiedin.«

Alles an einem Tag

Die Einsamkeit kommt wie ein wildes Tier. Unerwartet und manchmal dann, wenn ich sie am wenigsten erwarte. Es sollte ein toller Tag in Berlin werden. Freie Zeit, keine Pflichten, ganz nach dem Geschmack meiner Nomadin. Und dann sitze ich in Kreuzberg, ganz allein, in einem kleinen türkischen Café, in dem der Getränkekühlschrank viel zu laut brummt, esse mich quer durch Oliven, Humus, Kichererbsen, Fladenbrot und vermisse Carl. Es ist Sonntag, und ich könnte jetzt mit meinem Mann zu Hause beim Cappuccino am Tisch sitzen, auf unseren wunderbaren kleinen See schauen und meine Seelenlandschaft mit ihm besprechen.

Ich hadere mit meiner Entscheidung, ich hätte schon gestern Abend zurückfliegen können und stiefle stattdessen durchs kalte Kreuzberg. Es hat Minus fünfzehn Grad, und ich spüre mein einsames Herz wie eine alte Wunde, die aufbricht. So habe ich mich oft als Kind gefühlt, das weiß ich noch genau. Trostlos.

Ich spreche eine junge Frau an: »Gibt es hier irgendwo ein Stück Natur, wo ich spazieren gehen könnte?«

Der Landwehrkanal tröstet mich. Er zieht sich durch die ganze Stadt, von Charlottenburg über Kreuzberg, und als ich später, in einer etwas besseren Verfassung, aber steif gefroren, in einem Café am Weg lande, zieht sich die Einsamkeit langsam zurück. Doch immer noch halte ich mich an meiner Tasse

mit heißer Schokolade fest und esse zum Trost einen Streusel-
kuchen mit Äpfeln.

Etwas ratlos überlege ich, wie ich diesen Tag, der am Abend
bei einem Treffen mit interessanten, freundschaftlich verbun-
denen Kollegen enden wird, gut verbringen soll, als eine jüngere Frau auf mich zukommt: »Wir kennen einander, Sie sind
doch diese tolle Tangotänzerin …«

Nein, bin ich nicht, aber ich liebe Tango und wäre gerne
diese tolle Tänzerin. Es ist, als ob sich ein altes Fenster schließt
und sich durch diese erfrischende Bemerkung ein neues öffnet.
Ich überschreite die Schwelle, lasse die schmerzliche Erfahrung
von Einsamkeit zurück und bin wieder dankbar im Aben-
teurerland. Als ich am Kanal weiterspaziere, singe ich »Buz-
zard call me back to the wild land …« vor mich hin, und das
Leben ist wieder richtig gut.

Für den Rückweg zum Hotel in der Nähe der Kunstuniver-
sität, an der ich gestern gearbeitet habe, nehme ich wieder die
U-Bahn und begegne einem verzweifelten Mann. Er steigt ein
und fleht uns Fahrgäste an, ihm Geld zu geben. Er spricht nicht
wie die üblichen Bettler, er hält ein flammendes Plädoyer für
sich und erzählt von seiner Würde und wie schwer es ihm fällt,
dass er uns bitten muss, ihm Geld für Essen zu geben. Er erzählt, dass er in der Nacht fast erfriert und dass sein Lebens-
wille größer ist als seine Verzweiflung und dass er am Morgen
wieder erwachen will, obwohl niemand sein Leben für wertvoll
hält.

Als ich ihm mehr Geld gebe, als er erwartet hat, will er unbedingt, dass ich die Zeitung nehme, die er verkauft, und ich
spüre, dass dieser Ausgleich wichtig ist, damit sein letzter Rest
von Würde nicht verloren geht. Seine Kleidung ist schmutzig

und nicht warm genug für diese Temperaturen, und ich schäme mich dafür, dass wir so reich und gut genährt in diesem engen Waggon sitzen, in dem alle wegschauen, während er mir erzählt, dass er dringend zum Arzt müsste, aber nicht versichert ist. Und gleichzeitig bin ich dankbar, dass mir so ein Schicksal erspart geblieben ist.

Auf meinem kurzen Fußweg zum Hotel lockt mich ein Laden, auf dem »Exclusive Mode aus erster und zweiter Hand« steht. Hüte mit Federn, originelle Taschen, pfiffige Kleider, ungewöhnliche Mäntel. Eine Frau mit wunderbar gefärbtem karottenrotem Haar und randloser Brille lacht mich durchs Schaufenster an. Sie könnte in meinem Alter sein, und ich fühle mich eingeladen einzutreten.

Ich probiere dies und jenes. Verwandle mich von der Businessfrau im schwarzen Jackett zur wilden Alten im roten, wallenden Mantel und wundere mich wieder einmal, wie viele Frauentypen mir gut stehen, wenn ich mich traue. Es ist verkaufsoffener Sonntag, und ich bin die einzige Kundin im Geschäft. Draußen hat es inzwischen zu schneien begonnen.

»Wie alt sind Sie?«, frage ich die Besitzerin der Boutique nach einer Tasse Kaffee, die wir gemeinsam trinken.

Und Traudl, wir haben uns einander inzwischen vorgestellt, sagt vergnügt: »Ich werde demnächst einundsiebzig.« Und ohne dass ich sie frage, fährt sie fort: »Und ich denke nicht daran aufzuhören. Meine Freundinnen, die zu Hause sind und keine Enkel und keine Hobbies haben, gehen vor Langeweile zum Arzt, werden krank und sind negativ gepolt. Da bin ich doch lieber hier in meinem schönen Laden und habe den ganzen Tag Kontakt mit interessanten Menschen. Ein bisschen gebe ich Lebenshilfe, die Frauen kommen ja auch zu mir, wenn sie Kummer haben oder einen Rat brauchen. Aber da muss ich darauf achten, dass ich Maß halte. Sonst bin ich am Abend leer.«

Eine Frau mit blond gefärbtem Strubbelkopf stürmt wie ein Wirbelwind herein und ruft: »Ich muss den Mantel noch einmal probieren und für meine Tochter ein Foto machen. Sie hat gesagt: ›Mein Gott, ein schwarzer Mantel wie die Wilmersdorfer Witwen‹.«

»Das ist ein Ausdruck für die Dekadenz reicher Frauen«, erklärt mir Traudl. Sie fotografiert die Kundin und mahnt: »Sie sollten Ihre Kinder nicht mehr fragen, was sie von Ihrer Garderobe halten. In Ihrem Alter trägt man doch, was man will! Wann werden wir endlich die sein, die wir sein wollen?«

Als ich die beiden Frauen bitte, ob ich Notizen machen darf und erkläre, warum, sagt Christiane begeistert, während uns Traudl Sekt serviert: »Soll ich meine Freundin anrufen? Sie ist dreiundsechzig und hat nach ihrer Scheidung hundert Männer ausprobiert und jetzt endlich den Richtigen gefunden.«

Als ich sie frage, was das bedeutet, lacht sie: »Also alle Sexpraktiken durchprobiert, sie ist eine aufgeschlossene Frau und überlegt sich gerade, ob sie ein Buch schreiben und die E-Mails veröffentlichen soll, die ihr die Männer geschickt haben. Ich zeig Ihnen gern ein Foto von ihr mit ihrem neuen Mann. Sie hat ihn durchs Internet kennengelernt.«

»Hundert Männer«, staunt Traudl, »ich fasse es nicht! Bei mir würden beide Hände reichen. Aber bellende Hunde beißen nicht, wer weiß, ob das überhaupt stimmt.«

Christiane sagt überzeugend: »Nein, bei ihr ist das anders. Sie war fünfunddreißig Jahre verheiratet und hat ihren Mann verlassen, weil er sich nicht mit ihr weiterentwickeln wollte.

Einige Zeit nach der Scheidung wurde sie von einem Auto überfahren und ist durch viele Operationen gerade noch mit dem Leben davongekommen. Seither weiß sie, dass ihr Leben kostbar ist, und verliert keine Zeit mit Umwegen.«

Sie steht noch immer in dem schönen Mantel im Glockenschnitt im Laden und schaut unschlüssig in den Spiegel.

»Man kann alles tragen, wenn man dahintersteht. Man wirkt nur lächerlich, wenn man sich unsicher ist. Jedes auffallende Kleidungsstück verschönert das Straßenbild!« Traudl sagt es so überzeugt, dass Christiane beschließt, nun doch nicht auf die SMS mit der Meinung ihrer Tochter zu warten.

»Man muss ans Leben mit ›ich will‹ herangehen. Wenn ein Muss dabei ist, dann funktioniert das nicht. Es ist wichtig, dass alles, was man tut, Spaß macht, und dass man dazu steht«, philosophiert Traudl und ist überzeugt, dass ihr Geschäft deswegen so gut läuft.

Als es einen Augenblick ruhig wird, schaue ich mir Traudl näher an. Sie ist perfekt, auf den ersten Blick fast unsichtbar geschminkt, und ihre großen Strassklipse passen zum Schmuck, den sie auf der schwarzen, edlen Jacke mit flaschengrünen Seidenstulpen trägt. Jetzt geht sie zu ein paar Schaufensterpuppen, nimmt ihnen die Hüte ab und bringt sie mir.

»Die müssen Sie unbedingt aufsetzen, Sie haben das Gesicht dafür.« Ich lege meinen kleinen Laptop, den ich in letzter Zeit immer dabei habe, zur Seite und probiere einen Kosakenhut mit Feder, einen kleinen schwarzen Audrey-Hepburn-Traum und dann noch ein Kunstwerk, auf dem sechshundertfünfzig Euro steht und das aussieht, als sei auf einem roten Turban eine Turnstange mit Quasten montiert.

»Da fehlt nur noch der Papagei«, ruft Traudl begeistert.

Im Spiegel sehe ich immer wieder eine neue Frau. Und keine hat mit der zu tun, die ich im Alltag bin. Faszinierend!

Eine Kundin ist inzwischen dazugekommen und nimmt sich gerade eine Mütze aus einem Regal, als ihr Telefon läutet. Sie schimpft aufgeregt mit dem Anrufer, und als sie auflegt, rät Traudl ihr: »Sie sollten sich von niemandem die Laune verderben lassen, das lohnt sich nicht. Probieren Sie lieber die Mütze …«

Ich habe es mir inzwischen auf dem Sofa vor dem Fenster bequem gemacht und schreibe mit ihrer Erlaubnis mit.

 » Man muss im Alter soziale Kontakte pflegen, wir dünnen uns ja auf natürliche Weise aus.«

»Sonst sitzt man plötzlich eines Tages alleine da«, sagt sie zu Christiane, während sie das Preisschild am Mantel abschneidet.

»Ja, das Alleinsein kann man nur dann wirklich genießen, wenn man weiß, dass es Menschen gibt, die man gern hat«, ergänzt ihre Kundin und schaut zur Tür, ob endlich ihr Mann kommt, der eigentlich versprochen hat, sie abzuholen. »Wir sind noch nicht so lange zusammen. Ich bin jetzt zweiundfünfzig und habe erst mit vierunddreißig geheiratet.«

Die junge Frau, die die Mütze anprobiert hat, erzählt, dass sie gerade aus beruflichen Gründen nach Berlin gezogen ist und hier noch niemanden kennt. Traudl empfiehlt ihr, ins Museum zu gehen, weil sie dort einem interessanten Single begegnen könnte.

»Da gehe ich doch lieber ins Fitnesscenter«, antwortet die

junge Frau, und Traudl rät freundlich: »Ja, das ist auch gut. Sie müssen nur wissen, welche Sorte von Mann Sie suchen.«

Christiane widerspricht: »Nein, nicht ins Museum und auch nicht ins Fitnessstudio. Gehen Sie in den Supermarkt, zum Beispiel zu Edeka, um sieben Uhr abends.« Und Traudl ergänzt: »Da sieht man sofort, ob jemand nur für sich selbst oder für eine ganze Familie einkauft.«

Christiane fühlt sich missverstanden: »Nein, ich habe eigentlich gemeint, dass man ihn fragen kann, wo etwas im Regal steht, und so ins Gespräch kommt.«

Dann setzt sie sich zu mir aufs Sofa: »Ich bin Lehrerin und Erzählerin. ›Sieben und ein Streich‹, heißt unsere Gruppe. Unsere Professorin, eine tolle Frau mit siebzig, hat uns dazu ermutigt, weil sie diese Kunst in Berlin wieder einführen will. Wir haben bei ihr eine Erzählerausbildung an der Universität der Künste gemacht und treten überall auf, wo wir eingeladen werden. Und einmal im Monat erzählen wir auf einem Restaurantschiff. Ich mache das aus Lust und Liebe, das Essen und die Getränke bekommen wir umsonst. Am liebsten würde ich in fünf Jahren als Lehrerin in Rente gehen, ich bin jetzt schon dreißig Jahre an der Schule, da wird man langsam müde. Aber Märchenerzählen kann ich, bis ich hundert bin.«

Traudl, die offensichtlich gern Regie führt und immer wieder neue Themen auf die Bühne bringt, wirft jetzt in den Raum: »Die alten Männer, die sich jüngere Frauen nehmen, sind ja auch keine Sozialhilfeempfänger. Wenn die kein Geld hätten, würden die zwanzig bis dreißig Jahre jüngeren Frauen sie gar nicht bemerken. Und wenn so ein alter Reicher sich so eine Junge nimmt, dann wird er nicht lange glücklich sein. Die ist doch nur ein Statussymbol. Ich habe einen Porsche und eine junge Frau. Wie sollen die den Generationensprung überwinden? Die können sich doch gar nicht genug zu sagen haben, und er muss sich anstrengen, möglichst jung zu bleiben. Und wenn diese alten Väter dann noch Kinder bekommen, die ihre Enkel sein könnten, dann kann man sie eigentlich nur noch bedauern. Sitzen im Café mit Kinderwagen und versuchen, nebenbei die Zeitung zu lesen. Der Preis, den die für ihre jungen Frauen bezahlen … Nein, danke! Da bleib ich lieber in meiner eigenen Generation.«

Christiane stimmt ihr zu, und Traudl, die selber nichts trinkt, wohl um den Überblick zu behalten, schenkt uns noch ein Glas Sekt ein.

Inzwischen sind schon mehr als zwei Stunden vergangen, und ich bin längst Teil des Stücks. Wir probieren die kühnsten Kreationen, verändern unseren Stil, bestätigen und verwerfen Kleider, Mäntel, Schals, Ohrklipse und was es sonst noch alles gibt …

Als ich am Abend den Laden verlasse, um meine Freunde zu treffen, habe ich einen roten, verrückten, bodenlangen Mantel gekauft und mit Traudl Menzel ein Fotoshooting vereinbart. Ich verspreche, dass ich mit einem Fotografen wiederkomme, der mich in meinen tausend Facetten als tolle Alte fotografiert. Mit ihren verrückten Hüten …

Endlich mehr ich!

Ich habe mir einen Tag geschenkt. Einfach so. Weil ich Hamburg liebe und viel zu selten hinkomme und weil es inzwischen zu meinem guten Leben gehört, dass ich mir Zeit für mich nehme. Grundlos, weil ich seit ein paar Monaten keinen Grund mehr brauche. Und außerdem arbeite ich dort auch noch. Diese Arbeit ist pures Vergnügen. Etwas anderes kommt nicht mehr infrage.

Bevor ich abfliege, ruft mich meine Wahltante Mitzi an. Eine ihrer wesentlichsten Interessen sind andere Leben. Ziemlich unabhängig davon, ob es sich um Boris Becker, die neue Dschungelkönigin oder um mich handelt. Und deswegen will sie im Detail wissen, wohin ich gerade fahre und was ich dort mache. Wenn das ihr Lebensinhalt ist, finde ich das auch in Ordnung. Diese Haltung von mir ist neu, weil ich bisher immer dachte, dass sie ihr kostbares Leben vergeudet. Doch wenn ich sehe, wie vital und froh sie mit fünfundachtzig ist, dann muss ihr Alltag für sie wohl ganz passend sein. Außerdem kocht sie, wenn sie nicht gerade fernsieht oder sich über andere Gedanken macht, die besten ungesunden Speisen der Welt.

Als ich Tante Mitzi von meinem freien Tag erzähle, sagt sie: »Das hast du dir verdient, mein Kind.«

Nein, ich will mir nichts mehr verdienen müssen. Ich möchte einfach gratis und ohne etwas dafür zu leisten faulenzen dürfen. Und deswegen komme ich im Hotel in der letzten Sekunde zum Frühstück, und als ich an der U-Bahnstation nicht sofort kapiere, wie man sich ein Ticket kauft, frage ich einfach die Frau neben mir, die am zweiten Automaten steht. Natürlich hätte ich auch die Anleitung lesen können, denn schließlich gibt es ja auch in Wien eine U-Bahn. Aber weil alle Untergrundbahnen im kleinen Europa andere Systeme haben, lasse ich mir gerne helfen.

Die Dame, das Wort passt zu ihr, ist von Kopf bis Fuß pfiffig ausgestattet und wundert sich, dass die Fahrkarte teurer ist als vor drei Monaten. Sie ist braungebrannt, sieht sehr erholt aus, und als sie meinen fragenden Blick sieht, erklärt sie sich: »Ich habe schon lange kein Ticket mehr gekauft, ich war in Südamerika, in Kolumbien.«

Sie ist etwa in meinem Alter, und als wir die Treppe hinauf zum Bahnsteig gehen, frage ich sie, ob sie so lange dort auf Urlaub war.

»Nein, ich habe bis vor neun Jahren mit meinem Mann in Bogotá gewohnt. Ich war jung und verliebt und ging mit ihm, ohne darüber nachzudenken, was es für mich bedeutet, im Ausland zu leben. Ich durfte nicht als Sekretärin arbeiten, weil er der Meinung war, dass seine Kinder nicht mit dem Hausmädchen aufwachsen sollen. Ich habe ihm den Rücken freigehalten und ihm beim Aufbau seiner Firma geholfen. Unsere Ehe war längst zu Ende, aber ich bin geblieben, weil ich Angst davor hatte, was danach kommt. Ich hatte keine Rente in Deutschland und kein eigenes Geld und habe mich erst mit sechzig von ihm getrennt. Viel zu spät. Und ich finde es wunderbar, dass er mir einen guten Unterhalt bezahlt. Wir verstehen uns besser als früher, und ich fahre immer wieder hin und besuche meine Kinder, meine Enkel und meine Freunde. Meine

Tochter und mein Sohn sind in Bogotá geboren und aufgewachsen, haben dann beide in Deutschland ihr Abitur gemacht und sind dann wieder nach Kolumbien zurückgegangen.«

Sie heißt Christa und ist achtundsechzig, erzählt sie mir. Und als ich sie frage, was sie jetzt tut, lacht sie lauthals und sagt ganz vergnügt: »Einfach nichts. Ich hätte mich schon vor langer Zeit trennen sollen. Aber ich wusste nicht, wie schön es ist, Frau im eigenen Haus zu sein. Jetzt bin ich endlich frei und kann mein Leben genießen. Ich bin gerade unterwegs in die Innenstadt und treffe meine Freundinnen. Und ob ich um zwanzig Uhr oder um Mitternacht nach Hause komme, geht niemanden etwas an. In Kolumbien hätte ich als geschiedene Frau nie so ein Leben führen können. Da hätte ich nur Oma sein und meine Abende alleine zu Hause verbringen können. Ich liebe meine Enkel, aber ich bin keine klassische Großmutter. Ich spiele mit ihnen, singe ihnen vor und gehe mit ihnen in den Zoo. Aber nicht als Dauerauftrag, weil gerade ein Kindermädchen gebraucht wird. Ich habe die Nase voll von Verpflichtungen! Zuerst musste ich funktionieren und eine vernünftige Tochter sein, die zwei jüngere Geschwister betreut, dann habe ich als Mutter, Hausfrau und Ehefrau funktioniert. Und jetzt bin ich nicht mehr bereit, mich zu knebeln.

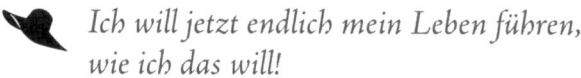 *Ich will jetzt endlich mein Leben führen,*
wie ich das will!

Am Anfang war das gar nicht leicht. Ich war so auf Leistung konditioniert, dass mir mein Leben leer vorkam. Ich hatte sogar ein schlechtes Gewissen, wenn ich länger im Bett geblieben bin. Das ist mir jetzt piep egal. Viele Frauen schlüpfen im Alter in neue Rollen, die sie versklaven, versinken zum Beispiel im Großmuttersein und sind erst recht nicht frei. Mir ist meine Freiheit am wichtigsten!«

Mit diesem Satz verlässt sie beschwingt die U-Bahn, in der wir ein Stück gemeinsam gefahren sind.

Als hätte sie unser Stichwort gehört, steigt eine andere Frau in unserem Alter mit Kinderwagen ein. Sie ist sportlich angezogen, völlig ungeschminkt, das dunkelbraune Haar mit schönen Silberfäden durchzogen, und sieht ganz entspannt aus. Sie strahlt ihren Enkel an, der inzwischen auf ihrem Schoß sitzt, und versucht geduldig, ihm einen warmen Anzug anzuziehen. Als er sich wehrt, erzählt sie ihm von den Enten, die sie gleich an der Alster füttern werden, und zeigt ihm einen Sack klein geschnittenes Brot. Sie merkt, dass ich sie beobachte, und sagt: »Mein Enkel ist mein Ein und Alles.«

Die Frau scheint sehr zufrieden zu sein mit ihrem Lebensentwurf, und das kleine Wesen kuschelt sich vertrauensvoll in ihren Arm. Ich erinnere mich an einen Satz meiner Großmutter, den sie in ihr Tagebuch geschrieben hatte, als ich zur Welt kam: »Dass mir noch einmal so ein Glück beschieden wird, hätte ich nie gedacht!«

Es ist ein Februartag, der besser in den März gepasst hätte. Strahlende Sonne, Temperaturen von mehr als zehn Grad. Mein Jagdinstinkt, mir eine neue »Frühlingsschale« zu kaufen, taucht plötzlich auf. Ich betrete eine Boutique und bin begeistert von Jacken, Mänteln und Kleidern, die mich daran erinnern, dass ich ein Modelabel für BOWs – Beautiful Old Women – gründen will.

Im Geschäft empfängt mich eine freundliche Frau, die mir die Geschichte der Designerin erzählt.

»Annikin Karvinen hat schon als kleines Mädchen für ihre Puppen hingebungsvoll Kleider genäht. Es war immer ihre Leidenschaft, aus jedem Stückchen Stoff ein Kunstwerk zu kreieren. Sie ist zweiundachtzig Jahre alt, hat sich in Finnland eine kleine Manufaktur aufgebaut und entwirft noch immer ihre neuen Kollektionen. Sie steht jeden Tag im Geschäft und kümmert sich um die Qualität der Ware. Die Stoffe sind alle handgefärbt und handgewebt, die Schnitte einfach und gleichzeitig raffiniert.«

Die Verkäuferin – oder vielleicht ist es die Geschäftsführerin – verschwindet kurz hinter einer Türe und kommt mit einem Katalog zurück. Auf dem Cover sehe ich eine ältere Frau, die ihre Haare wie Pippi Langstrumpf trägt. In die vielen, kleinen Zöpfe, die von ihrem Kopf abstehen, sind bunte Garne aus ihrer Manufaktur geflochten, und ihre Hand, mit der sie ihre Brille zurückschiebt, ist mit jeder einzelnen Falte groß im Bild zu sehen. Ein stolzes Zeichen ihrer Reife. Ich bin glücklich, dass diese Frau sich das traut, und erinnere mich an den Satz meiner amerikanischen Businessberaterin, als ich ihr von meinem Plan erzählte, ein Kabarett mit dem Titel »Altsein ist geil« zu entwickeln: »Deine Idee kannst du erst dann umsetzen, wenn du dich traust, mit einer völlig absurden Frisur auf die Straße zu gehen.«

Es ist nicht leicht für uns, mutig zu sein. Dieses Schielen nach anderen und was sie über uns denken ist den meisten von uns schon in die Wiege gelegt worden. Mädchen passen sich an, Frauen passen sich noch mehr an, und wir alten, wilden, weisen Frauen haben ganz schön zu tun, wenn wir uns davon befreien wollen.

Mit einem inneren Lachen denke ich an die Mutter meiner

Freundin und Kollegin Ingrid. Sie war, als die Kinder erwachsen wurden, eine unterbeschäftigte Hausfrau und wollte sich mit diesem Dasein nicht abfinden. Also hat Rosemarie nicht nur eine Initiative mitbegründet, die Kleidung an Bedürftige verteilt, sondern auch noch einen Hausfrauenchor ins Leben gerufen.

Es war am fünfzigsten Geburtstag ihrer Tochter, bei einem großen Fest im allerfeinsten Rahmen in der Wiener Innenstadt. Das »Kind« Ingrid sagte zur dreiundsiebzig Jahre alten Mama: »Und bitte tu mir den Gefallen und sing keine Vorarlberger Lieder.«

Den Gefallen hat sie ihr getan. Sie hat tatsächlich nicht alleine gesungen. Sie kam zu mir, die ich nichts vom Singverbot wusste, und sagte: »Geh durch den Saal und bring mir alle Vorarlberger Landsleute her. Wir müssen schnell einen Chor zusammenstellen und der Ingrid ein paar Geburtsständchen singen.« Und wer unseren Heimatdialekt kennt, der weiß, dass diese in Wien vollständig unverständliche, urwüchsige Sprache im feinen Salon ein richtiger »Ear Catcher« war.

Szenenwechsel:

Sie glotzen, sie kratzen sich an Stellen, wo man sich öffentlich nicht kratzt. Sie rotzen, husten, schlappern absichtsvoll mit schlaffen Oberarmen, bohren in der Nase und besichtigen raue Falten an den Ellbogen. Sie kotzen, ziehen einander mit Blicken nackt aus oder töten sich. Hier wird der weibliche Körper als Schaustück persifliert und abwertende Begegnung zwischen Frauen und Männern gezeigt. Das Stück heißt »Fight Lookism« und könnte übersetzt etwa heißen: »Wir sind keine Ware, die man beglotzt.« Politisch gesehen, ist es eine Initiative, die sich gegen die Stereotypisierung und Diskriminierung von Menschen auf Grund ihres Aussehens richtet.

Ich bin Gast im Probenraum der AGE COMPANY. Ins Leben gerufen haben die zeitgenössische Tanzperformance-gruppe zwei Frauen, Ilse und Nora. Für sie war es die Antwort darauf, dass ihre gemeinsame Leidenschaft nicht enden sollte, nur weil ältere Frauen in Tanzgruppen schräg angeschaut werden.

Also haben sie zunächst von Age Companies in anderen Ländern gelernt und dann mit Nica eine Choreografin gefunden, die nicht nur an Universitäten Tanz lehrt, sondern auch Cranio-Sakral-Therapeutin ist.

»Das ist wichtig für uns, sie geht auf unseren Körper ein. Wer mitmachen will, unterliegt strengen Regeln: Das Mindestalter ist fünfzig, nach oben keine Grenze. Disziplin ist Voraussetzung. Einmal im Monat ein Zweitageworkshop, einmal im Jahr eine Produktion. Wer keine Zeit hat oder nicht engagiert proben will, hat hier nichts verloren.«

Nica, die Schweizer Choreografin, soeben fünfzig geworden, führt ein strenges Regiment und ruft gerade liebevoll in den Raum hinein: »Haltet die Klappe und denkt nicht zu viel. Atmet und bewegt euch lieber.«

Im Probenraum, einer leeren Halle mit nackten Betonmauern und schwarzem Boden, sehe ich zu, wie dreizehn Frauen und drei Männer eine Szene mit dem Titel »Peinlichkeiten« immer wieder probieren. Einige bereits im Kostüm, andere noch mit bequemen Tanzschuhen und in Straßenkleidung. Zwischendurch gibt Nica immer wieder Anregungen: »Mir sind die Stopps zwischen den Peinlichkeiten zu kurz. Erinnert euch, dass ihr in den einzelnen Abfolgen den Zuschauern die

Gelegenheit geben müsst, in Ruhe zu schauen. Die sind doch schon ganz fasziniert von euren verrückten Outfits, und dann kommen eure tabuisierten Handlungen dazu …«

Erst beim dritten Durchlauf gelingt es mir, die Tänzerinnen und Tänzer näher anzusehen, und ich bin fasziniert von der Spannkraft und Konzentration, die diese Gruppe verbindet. Gleichzeitig bewegen sich hier Menschen auf der Bühne, denen die Spuren ihrer unterschiedlichen Leben ins Gesicht und in den Körper geschrieben stehen. Berührend und beruhigend, dass niemand davor zurückschreckt, sich dem vollen Ausdruck dieser Choreografie hinzugeben.

Eine Frau mit schlohweißem langem Haar, in schillerndem rosa Mantel, giftgrüner Hose und pinkfarbenen Stiefeln fällt mir besonders auf. Sie hinkt so gekonnt, dass ich nicht weiß, ob es zum Stück gehört oder ihre persönliche Einschränkung ist.

Eine andere Frau, das Gesicht betont durch einen schwarzen Hut, auf dem ein Hirschgeweih thront, nimmt mich immer wieder gefangen. Der Ausdruck der Augen ist so intensiv, dass ich ihrem Blick immer wieder durch den Raum folge.

Eine dritte schwingt die Peitsche und schüttelt ihre braungoldene Löwenmähne aus Plastik, dazwischen bewegt sich ein Mann mit einem schwarzen langen Rock, der wohl einen lüsternen Pfarrer darstellen soll.

Später in der Garderobe:
Zwischen Keksen, Mineralwasserflaschen und einem großen Kopf aus Plastik sitze ich nach der Probe mit einigen der Frauen, und während sie sich umziehen, erzählen sie mir, was die AGE COMPANY für sie bedeutet.

Sigrid, noch immer mit Peitsche und braungoldener Löwenmähne aus Plastik, wird in drei Tagen siebzig. Ihr Bild vom Älterwerden hat sich, seit sie hier tanzt, völlig gewandelt: »Ich hätte nie gedacht, dass ich jemals in meinem Leben auf einer Bühne stehen werde und so einen Spaß dabei habe! Mir ist nichts mehr peinlich. Je älter ich werde, desto freier und unabhängiger fühle ich mich. Richtig mehr ich!«

Claudia hat vor fünf Jahren zu tanzen und zu singen begonnen: »Ich bin achtundsechzig und sehr glücklich, dass ich dabei bin. Ich habe mit den Stücken viel aus meinem eigenen Leben aufgearbeitet. Es zwickt an manchen Stellen, aber das ist mir gleichgültig. Ich nehme neue Dinge auf, und wer das nicht tut, bleibt stehen.«

Saskia ist sechzig und findet spannend, dass sie in einem geschützten Rahmen immer wieder Neues ausprobieren kann: »Mir macht es Spaß, meiner Persönlichkeit Ausdruck zu verleihen. Wir machen hier Sachen, wenn man mir das vor fünf Jahren erzählt hätte, dann hätte ich gesagt, das glaube ich nicht. Ich habe auch meinen Kindern gesagt, dass die AGE COMPANY das Beste ist, was mir passieren konnte. Ich wollte schon immer eine wilde Alte werden und jetzt bin ich auf dem besten Weg dazu.«

Helga hat vier Kinder und war Lehrerin. Für sie war es ein großer Schritt, in einem »Altenprojekt« mitzumachen. »Ich war immer mit jungen Menschen zusammen, und plötzlich war ich selber achtundsechzig. Was mir besonders gefällt an diesem Projekt, ist, dass wir von Produktion zu Produktion immer verrücktere Sachen machen. Wenn ich jetzt auf die Bühne gehe, dann stehe ich dazu, dass ich eine Alte bin, und will es zeigen.«

Veronika, die Frau mit dem intensiven Blick, sitzt mir mit dem Hut mit dem Hirschgeweih gegenüber und erzählt, dass beide Eltern blind waren. »Sie haben immer meine Augen gebraucht und mich ständig gefragt, was ich sehe. Das, was für mich als Kind eine Belastung war, kommt hier endlich positiv zur Geltung.«

Antonia, die so gut hinkte, trägt noch immer den pinkfarbenen Mantel und die giftgrüne Hose. »Ich bin siebenundsechzig und war ein Wrack, bis ich Nora, eine der beiden Gründerinnen der Company, nach Jahren wieder getroffen habe. Mir ging es nach mehreren Bandscheibenvorfällen und Operationen körperlich sehr schlecht, und dann hatte ich noch einen Unfall, bei dem mein linkes Bein beschädigt wurde. Ich war sehr unsicher auf den Beinen und wog über hundert Kilo. Früher habe ich viel getanzt, Folklore und historische Tänze, aber dann habe ich mich aufgegeben. Als Nora mir den Flyer für das erste Schnupperwochenende in die Hand gedrückt hat, habe ich mir gedacht: Das ist unmöglich, den muss ich gar nicht mitnehmen. Und bin dann trotzdem gekommen. Und das war's. Mein Mut, mich zu bewegen, ist gewachsen, mein neues Körpergefühl gibt mir mehr Sicherheit.

Ich habe in den fünf Jahren bei der AGE COMPANY dreizehn Kilo abgenommen, und meine Lebensfreude, meine Lebendigkeit und mein Wohlbefinden wieder gewonnen. Mein Hinken baut Nica in die Produktionen ein, das ist auf der Bühne kein Problem.«

Eva, eine der jüngeren Tänzerinnen, sieht sich selbst als Spätberufene: »Ich habe erst vor vier Jahren den Mut gehabt zu tanzen. Begonnen habe ich mit Tanztherapie und bin mir total alt vorgekommen. Weniger im Tun, mehr im Umgang mit den Jungen. In der Garderobe zum Beispiel, wenn die so laut Spaß gemacht haben. Und dann habe ich von der AGE COMPANY gehört und bin seit dem Einführungsseminar vor fünf Jahren dabei. Es hat geklickt, und ich wusste, dass ich gefunden habe, was ich gesucht habe. Als es dann hieß, wir müssen auf die Bühne, war mir das sehr suspekt. Aber Nica hat uns klar gemacht: Entweder auf die Bühne, oder du bist nicht mehr dabei. Wir mussten uns verpflichten, zu den Proben zu kommen. Jetzt macht es mir total Spaß, und ich merke, dass ich mich auf meinen Körper verlassen kann, selbst wenn ich einen Ausrutscher habe. Mir gefällt auch das Zusammengehörigkeitsgefühl, zu merken, dass die anderen auch ihre Problemchen haben. Und es stärkt mich, dass wir gemeinsam damit umgehen. Für mich ist die AGE COMPANY jetzt fast der Mittelpunkt meines Lebens. Ich bin alleinstehend und in Pension, es ist schön, dass ich hier dazugehöre. Mein Motto heißt: Wer gehen kann, der kann auch tanzen.«

Nora und Ilse, die beiden Gründerinnen, erzählen mir, bevor uns Nica hinauswirft, weil eine fast Nacktszene mit durchsichtigem Zellophan geprobt werden soll, dass ein Filmteam die AGE COMPANY ein Jahr lang begleitet hat, der Titel des Films passt zu den Frauen: »Was heißt denn hier Ruhestand!?«

Vergessen ist schwer und vielleicht manchmal eine Gnade

Letzthin bin ich zufällig beim Fernsehen in das Leben von Lissi in dem Film »Nichts für Feiglinge« geraten, großartig gespielt von Hannelore Hoger. Sie kämpfte gerade mit ihrem Enkel Philip, der sie in ein Heim bringen will. Sie, die immer selbständig war und die mit dem Satz »das schaffe ich schon« nicht nur den Tod ihres Sohnes und ihrer Schwiegertochter bewältigt, sondern auch noch ihren einzigen Enkel, der damals fünf war, großgezogen hat.

Jetzt ist er erwachsen und hat sein eigenes Leben. Er studiert Musik, wohnt in einer WG, verdient sich sein Geld mit Jobs und ist in Doro verliebt. Für eine demente Oma, die vom Vermieter gekündigt wurde, weil sie mit ihrem vergessenen Bügeleisen die Wohnung in Brand gesteckt hat, ist in seinem dichten Programm kein Platz.

Als der Möbelwagen mit allem, was Lissi geliebt hat, wegfährt, bleibt ihr nur eine Kiste mit Fotos als Erinnerung. Sie sitzt im Auto ihres Enkels, und er beschwört sie: »Dreh dich nicht mehr um.«

Damit endet ihr altes Leben für immer. Lissi, die eigentlich Lisbeth heißt, weint nicht. Sie ist es gewöhnt, tapfer zu sein. Und es ist auch ihr klar, dass es so nicht weitergehen kann.

Es sind erst nur Momente, in denen sie vergisst, den Herd auszuschalten, die Kerze auszumachen oder die Toilette zu benutzen, aber sie wiegen schwer. Dazwischen ist sie, was sie immer war. Eine attraktive, kluge, selbstbewusste, kratzbürstige, erfahrene Frau, die ihr Leben genießt und mit ihrem Lachen und ihrem Witz die Welt bezaubert.

Das Heim, in dem sie von nun an leben soll, ist ein Ort, an dem das Wort Würde keinen Raum hat. Sie rebelliert sofort. Als ihre Tischnachbarin von ihrem Teller isst, weil sie vergessen hat, dass er nicht ihr gehört, steht sie auf und will gehen. In ein Restaurant, in dem sie in Ruhe essen kann und wie eine Erwachsene behandelt wird.

Als ihr Enkel sie besucht, findet er seine Oma schlafend, angeschnallt im Bett.

»Wir mussten sie mit Medikamenten ruhigstellen, sie hat randaliert«, rechtfertigt sich die Heimleiterin.

Lissi haut nach wenigen Tagen ab, und als Philip sie am Grab seiner Eltern findet, sagt sie: »Dir ist dein Leben wichtig, aber mir ist meins genauso wichtig, und ich habe nicht mehr so viel Zeit wie du. So kann ich nicht leben«.

Im Film gibt es eine Lösung. Lissi darf für ein paar Wochen in die WG ihres Enkels und fühlt sich, seit ihr Mann gestorben ist, zum ersten Mal nicht mehr allein. Gemeinsam mit ihrem Enkel findet sie ein schönes Altenheim auf dem Land, das auch Menschen willkommen heißt, die an »vaskulärer Demenz« leiden.

Früher gab es solche Wörter nicht. Meine Großmutter war einfach nur »vergesslich«, und erst als ihr Mann starb, fiel auf, dass sie nicht alleine leben konnte. Eine meiner Tanten nahm sie zu sich, und als sie wenige Wochen später einfach einschlief und nicht mehr aufwachte, sagten ihre Kinder, dass sie ohne meinen Großvater nicht mehr hatte leben wollen.

Später fing die Medizin an, alles zu benennen, was uns geschieht. Und als meine Mutter anfing, Dinge des Alltags zu vergessen, wurde das »Alzheimer« genannt. Sie ließ sich davon lange nicht beeindrucken und führte ein Leben, das vielleicht besser war als ihr altes, weil sie zum ersten Mal in kindlicher Sorglosigkeit einfach tat, was sie wollte. Sie hielt sich beim Einkaufen nicht an die rigiden Listen meines Vaters, führte kein Haushaltsbuch mehr, und wenn sie Tennis spielte, dann jubelte sie über jeden geglückten Ball so laut, dass die Kollegen auf den Nebenplätzen sie manchmal mit strafenden Blicken bedachten. Die sie nicht daran hinderten, weiter zu jubeln.

Sie lag stundenlang im Schwimmbad auf ihrer Liege, kochte kein Mittagessen mehr, sah in die Luft oder spielte hemmungslos unstrategisch mit ihren Freundinnen Karten.

 Der ganze Fleiß ihres Lebens und die Bewertung durch andere fielen von ihr ab wie etwas, das viel zu lange auf ihren Schultern gelastet hatte.

Als Älteste von vielen Kindern, als junge Frau im Krieg, als Mutter und Geschäftsfrau ihr ganzes Leben lang. Bis zu dem Tag, an dem das alles nicht mehr wichtig war, weil sie ihre Pflichten vergessen hatte. Unter anderem auch die, eine gehorsame Ehefrau zu sein.

Als mein Vater starb, hinterließ er ihr eine hingebungsvolle Betreuerin, die meinen Namen trägt, Renate. Sie liebte meine Mutter, als ob sie ihre eigene Tochter wäre. Endlich wurde diese tapfere, alte Frau verhätschelt, zum ersten Mal in ihrem Leben.

So kam es mir vor. Und als eine ihrer Freundinnen, die sie immer verdächtigt hatte, dass sie mit meinem Vater flirtete, vorbeikam, sagte sie ganz unverblümt: »Was will die blöde Kuh hier?«

Wenn ich mit meiner Freundin Niki alle paar Wochen durch die Donauauen wandere, genieße ich unsere schönste Form der Begegnung. Eingebettet zwischen alten Bäumen, seltenen Pflanzen und wunderbaren Tieren zeigen wir einander unsere inneren und äußeren Bewegungen. Und zwischen umgefallenen Baumriesen, die sich wie Tore vor uns öffneten, und Schneeglöckchenfeldern hat sie mir diesmal von ihrer Oma erzählt.

»Meine Großmutter war immer eine starke, selbstbewusste Frau. Alle in unserer Familie, und am meisten ihre Kinder, mussten tun, was sie befahl. Nur ich, als ihre jüngste Enkelin, hatte Narrenfreiheit bei ihr. Letztes Jahr ist sie, kurz nach ihrem neunzigsten Geburtstag, gestürzt. Oberschenkelhalsbruch. Und mit ihren Knochen ist auch ein Teil ihres Willens gebrochen.

Sie hat bis dahin allein in ihrem Haus am Berg gelebt, jeden Tag mit Kohlen geheizt, das Haus und den Garten weitgehend in Schuss gehalten. Jetzt lebt sie in einem Seniorenheim und weiß oft nicht, in welchem Teil der Stadt sie sich befindet. Sie muss nichts mehr tun, außer zu warten. Die Ärzte haben bei ihr eine altersgemäße Demenz festgestellt, soll heißen, mit neunzig ist die Vergesslichkeit normal. Mir erscheint ihre Demenz als Gnade, als letzter Versuch meiner Großmutter, sich selbst zu erhalten, und sei es nur auf Sparflamme. Mehr lässt das Leben im Heim nicht zu. Doch jeden Tag, wenn sie, egal bei welchem Wetter, ihren Spaziergang macht, gestützt auf ihren Rollator und immer die gleiche Strecke, ist diese willensstarke Frau wieder da. Jeden Tag für nur zehn Minuten.«

Für manche von uns wird im Alter Krankheit zum Alltag gehören. Wir wissen heute nicht, was uns das Leben bringt. Ich kann heute nicht sicher sein, dass es mir glückt, das Muster meiner weiblichen Ahninnen zu unterbrechen, dass es mir gegönnt sein wird, meinen wachen, scharfen Verstand bis an mein Lebensende zu behalten. So wie mein Vater und meine Großmutter väterlicherseits.

Doch was ich sicher weiß: Meine Zellen hören mit, und meine Gedanken beeinflussen mein Schicksal. Es lohnt sich, an meine Gesundheit zu glauben und mein Leben in seiner ganzen Fülle zu leben. Jetzt. Genau in diesem Moment, den ich zur Verfügung habe. Was gestern war, ist schon vorüber und braucht meine Aufmerksamkeit nicht mehr, und was morgen sein wird, liegt hinter einem Vorhang, den wir Menschen nicht öffnen können.

Ich visualisiere täglich, dass ich bis ins hohe Alter eine gesunde, schöne Frau sein werde.

Und wenn nicht?

Dann nehme ich mir ein Beispiel an einem indischen Weisen. Eine Bekannte von mir, die seine Schülerin war, fand ihn bei einer ihrer Besuche in Indien im Bett vor. Er trug Windeln und war an viele Schläuche angeschlossen.

»Mein Körper mag nicht mehr so stark sein wie früher, aber mein Geist und meine Seele tragen ihn mit«, lächelte er und setzte seine Lehren fort.

Reise in die Tiefe

Der Ruf

Ich bin meines Lebens manchmal müde. Das kommt alle paar Jahre einmal vor und hat eigentlich nichts mit dem Alter zu tun. Der angenehme Unterschied ist der, dass ich es jetzt viel früher merke. Nein, ich bin in solchen Phasen nicht gefährdet, mir das Leben zu nehmen. Oder wenn, dann auf eine ganz andere Art und Weise.

Ich folge in solchen Momenten dem Vorschlag meines verehrten Lehrers und Freundes Matthias Varga von Kibéd. Er sagte zu einem Klienten, der immer wieder an seinem Alltag verzweifelte und ans Sterben dachte: »Und angenommen, es geschähe das Wunder, dass du dir dein Leben nehmen könntest in seiner ganzen Fülle, woran würdest du das in deinem Alltag merken?«

Dank der Erkenntnisse meiner Jahre weiß ich inzwischen, dass es auch im Alltag immer wieder um Tod und Auferstehung geht, weil bei jedem Neuanfang das Alte sterben muss. Und dass unter meiner vorübergehenden Lebensmüdigkeit immer ein Muster liegt.

Es fängt meistens ganz unauffällig damit an, dass ich mich nicht mehr wirklich freuen kann. Normalerweise bin ich schon am Morgen erfreut, wenn ich erwache. Und spätestens beim ersten Kaffee, wenn vor unserem Fenster die Schwäne über den

See fliegen und die Sonne die Bäume am anderen Ufer verzaubert, bin ich zutiefst dankbar. Doch wenn all das mein Herz nicht mehr berührt, dann ist das ein sicheres Alarmzeichen, dass ich dringend etwas ändern muss.

Mein Forschungsprojekt auf der Suche nach meiner verlorenen Freude, das ich dann starte, fördert meistens etwas zutage, was ziemlich unbequem ist.

Und weil es unbequem ist, mein Leben zu verändern, habe ich mir früher oft zu lange dabei zugesehen, wie ich meine Spur verloren habe. Bei einer beruflichen Tätigkeit, die mich gelangweilt hat, einer Wohnsituation, die nicht mehr gepasst hat, einer Beziehung, die eigentlich schon zu Ende war, bei Gewohnheiten, die sich von angenehmen Ritualen zu Belastungen entwickelt haben. Die Liste der Dinge, die in meinem Leben die Freude vertrieben haben, weil ich noch nicht wirklich zur Veränderung bereit war, ist lange.

Letzthin war es wieder einmal so weit. Ich konnte mich nicht mehr an den Schwänen und dem Licht auf den Bäumen am anderen Ufer erfreuen. Und statt diesem Gefühl nachzuspüren, bin ich rastlos durch die Wälder gestreunt und vor mir selbst davongelaufen.

Das ging eine Woche lang so, bis sich mein Spreizfuß, der meistens damit zufrieden ist, dass ich keine engen Schuhe trage, plötzlich entzündete. Da verstand ich, dass meine innere Führung »stopp« sagte. Es geht nicht um äußere Schritte, schau in dein Inneres!

»Ich fahre vierzehn Tage in die Wüste«, sage ich zu Carl, meinem Mann. »Ich muss nachdenken.« Er hat sich mit meinen spontanen Ideen schon vor Jahren angefreundet – oder wenigstens abgefunden.

Die Wüste ist für mich ein Ort, der mich mir näher bringt. Diese Weite und Stille, die Einfachheit des Lebens, wenn es nichts gibt als den Kamelführer, der das Gepäck transportiert und am offenen Feuer kocht. Wenig reden, viel spüren.

Rosina, meine Freundin seit vielen Jahren, wird mit mir reisen. Mit ihr kann ich schweigen und sein.

Meine Lebensmüdigkeit verschwindet von einem Tag auf den anderen. Nicht, weil ich ihren Grund schon gefunden habe, sondern weil es ihr offensichtlich genügt, dass ich mich um sie kümmere. Das Ticket ist gebucht, der Rucksack innerlich schon gepackt. Dann kommt die Reisewarnung. Ein Bus mit Touristen wurde in die Luft gesprengt, das Gebiet, in dem unsere Beduinenfreunde leben, ist nicht mehr sicher. Zurück zum Start!

Warum nicht ein Stück auf dem Jakobsweg gehen, wie damals, als ich mir in der Stille des stundenlangen Wanderns selbst näher gekommen bin? Ich frage Rosina, und sie ist einverstanden mit dem neuen Plan. »Stopp«, sagt mir wieder mein Spreizfuß, der sich mit einer pochenden Entzündung zurückmeldet. Und ich akzeptiere endlich, dass ich mich um meine innere Wanderung kümmern muss.

Der Aufbruch

Innana, so erzählt ein über fünftausend Jahre alter Mythos, war die Tochter der Himmelsgötter, strahlend, schön und erotisch. Sie ist die Königin des Himmels und der Erde, heiratet Dumuzi, einen Schafhirten, und hat alles, was man sich wünschen kann. Doch mit der Zeit spürt sie ihre Unzufriedenheit.

Sie beschließt, ihre dunkle Schwester, die Göttin Ereshkigal, zu besuchen und bittet ihre treue Priesterin Ninshubur, an der Pforte zur Unterwelt zu wachen: »Wenn ich nach drei Tagen nicht wieder da bin, musst du Hilfe holen.«

Ereshkigal, die erfährt, dass ihre helle Schwester ohne ihre Erlaubnis die Unterwelt betritt, tobt: »Was will sie hier, sie kann nicht einfach nur vorbeikommen, als ob es ein Spaziergang wäre. Von hier kehrt niemand mehr zurück.«

Sie schickt Innana ihre Wachen entgegen, und an jedem der sieben Tore, die sie durchschreitet, verlangen sie ein Opfer. Zuerst ihre Krone, dann ihre Juwelen, dann ihren edlen Brustpanzer, dann ihre Kleider. Am Ende steht sie nackt vor ihrer Schwester, der Göttin der Dunkelheit, und glaubt, erfüllt zu haben, was von ihr verlangt wurde. Doch alles, was Ereshkigal will, ist ihre Vernichtung. Sie tötet Innana und hängt sie an einem Fleischerhaken auf, damit sie als Mahnung für alle öffentlich verrottet.

Ninshubur ist nach drei Tagen besorgt und will Hilfe holen. Zuerst bei den Himmelsgöttern. Doch die berufen sich auf die Gesetze, die erfüllt werden müssen: Aus der Dunkelheit kann niemand zurückkehren. Dann wendet sie sich an Innanas Bruder, den Gott des Wassers. Und er, in seiner Kreativität, nicht eingeengt durch strenge Regeln, findet eine Lösung. Er erschafft zwei winzige Kreaturen, die unsichtbar durch alle Tore der Unterwelt fliegen können. Sie finden Ereshkigal in tiefer Trauer vor. Innanas Licht hat ihre Dunkelheit, ihr eigenes Unglück, sichtbar gemacht, und sie klagt und weint. Die beiden reagieren weise. Sie trösten sie in ihrem Schmerz, und aus Dankbarkeit erweckt sie Innana wieder zum Leben und erlaubt ihr, auf die Erde zurückzukehren.

Die Göttin des Himmels und der Erde ist nach dieser Reise eine andere geworden. Sie kennt jetzt den Schmerz, den Tod und das Mitgefühl. Gereift durch das Leid, gewinnt sie an Tiefe und nimmt ihre eigene dunkle Seite an.

Auch ihr Mann Dumuzi, der sich auf Innanas Thron gesetzt und mit schönen Frauen umgeben hat, erfährt eine Läuterung. Auch er muss in die Tiefe steigen, weil Ereshkigal verlangt, dass für die Freilassung ihrer hellen Schwester jemand anderer zu ihr geschickt werden muss, als Zeuge der Dunkelheit.

Dieser uralte Mythos ist eine Heldinnenreise, die sich in unserem Leben immer wieder neu zeigt. Wir hören einen Ruf, manchmal ist es ein Ereignis, das uns erschüttert, manchmal einfach eine Sehnsucht oder eine Unzufriedenheit.

Wir folgen diesem Ruf, manchmal freiwillig und manchmal unfreiwillig, weil die Aufforderungen, ihm zu folgen, nicht mehr zu übersehen oder zu überhören sind.

Wir gehen auf unsere Reise und steigen in die tiefsten Tiefen, begegnen Widerständen und unserer inneren Dunkelheit. Robert Bley, der Autor von »Eisenhans«, fand dafür den schönen Ausdruck »shadow bag« (Schattentasche).

Wir erforschen beherzt unseren Schatten und kehren mit einer Belohnung geläutert in unseren Alltag zurück.

Wir Frauen sind Innana und Ereshkigal zur selben Zeit. Und die meisten von uns haben ihre dunkle Seite verbannt und fühlen sich nur mit ihrer hellen Seite willkommen: mit der schönen, angepassten Frau.

Das war schon im Paradies so, als Gott zunächst Adam und seine Frau Lilith gleichwertig aus Erde erschuf. Als Lilith ihren Platz an seiner Seite einnehmen wollte, wurde sie von ihrem

Mann nicht akzeptiert und flog mit einem wilden, gurgelnden Lachen davon. Und mit ihr unsere Urkraft.

So erzählt es die feministische Theorie. Denn Eva, ihre Nachfolgerin, wurde nicht aus gleichwertigem Material erschaffen. Sie war ein Geschöpf Adams, aus seiner Rippe entstanden und ihm damit untertan. Später wurden die wilden, weisen Frauen, die dem Bild des hellen, schönen, harmlosen Geschöpfs nicht entsprachen, zu Millionen als Hexen zu Tode gefoltert oder auf dem Scheiterhaufen verbrannt. Und, global gesehen, gibt es diese Verfolgungen in einigen Ländern dieser Erde noch immer.

Die Angst, dass es uns das Leben kostet, wenn wir vollständig sind und unsere helle und auch die tiefe, dunkle Seite leben, sitzt noch immer in unseren Zellen. Was, wenn ich meine Urkraft lebe, wenn ich stark und vollständig bin? Werde ich dann ausgestoßen und zum Alleinsein verdammt?

Ich kenne diesen Mythos gut, auch meine dunkle Schwester, und unterstütze andere Menschen auf dieser Reise. Was wird mir Ereshkigal dieses Mal zeigen?

Rosina und ich fahren in meinem wunderbaren Auto mit dem Wunschkennzeichen BOW, Beautiful Old Woman, entlang der österreichischen Seen unserem Seminarort in Deutschland entgegen.

Wir sind, auf der Suche nach einer Antwort für unser Reiseziel, auf ein Innana-Seminar von Chameli Ardagh gestoßen. Sie ist der Tradition der Yogini verpflichtet, lebt in Kalifornien und hat die Bewegung »Awakening Women« gegründet.

Die ersten beiden Stunden unserer Reise gehören den Erzählungen aus unserem Alltag, aber dann geht es um Begegnungen mit Ereshkigal, der dunklen Göttin. Und Rosina spricht von ihrer verstorbenen Mutter, der sie nie ähnlich sein wollte.

»Sie war eine Verrückte, für mich im negativen Sinn. Bei ihr war alles so extrem, und ich beginne erst jetzt zu verstehen, dass es ihre einzige Chance war, ihr ungelebtes Leben zu ertragen. Sie wurde als junge, verheiratete Frau mit ihrer ganzen Familie aus dem Sudetenland vertrieben und kam als ›Habenichts‹ auf den Hof meines Vaters. Ob sie ihn aus Liebe geheiratet hat, weiß ich nicht. Für meine Mutter, die nichts lernen durfte, weil sie als hübscheste in der Familie für den ›Heiratsmarkt‹ vorgesehen war, wurde Geld ein zentrales Thema. Sie wollte beweisen, dass sie tüchtig war, und hat ihr Leben lang gerackert. Sie war eine schöne fröhliche Frau. Gleichzeitig war sie zutiefst unglücklich und konnte ihr Potenzial nie ganz leben. In ihrem Unglück neigte sie immer wieder zu extremen Handlungen. So ist sie zum Beispiel für einen Hut, den sie in einem Schaufenster im damaligen Budweis gesehen hatte, drei Mal hintereinander in ihre alte Heimat gefahren. Einmal war der Laden geschlossen, das nächste Mal hatte sie den Pass vergessen und beim dritten Mal den Bus versäumt. Auf dem Nachhauseweg klagte sie einem jungen Taxifahrer, den sie kannte, ihr Leid, und er hat sie dann aus Mitgefühl kostenlos hingefahren.

Meine Mutter war in allem extrem und hat in der Nacht oft geweint und uns geweckt. Und als sie meinen Vater verdächtigt hat, mit einer anderen Frau eine Affäre zu haben, hat sie uns Kinder gepackt, sich vor ihr Haus gestellt und sich wie eine Furie gebärdet. Und jetzt, mit meinen zweiundsechzig Jahren, möchte ich diese unbändige Kraft, diese Originalität und diese

Stärke von ihr mitnehmen. Und alles andere, das ganze tiefe Unglück, das nicht zu mir gehört, verabschieden und meinem eigenen Schatten begegnen.«

Und was will ich? Ich weiß es noch nicht. Ich weiß nur, dass mir etwas fehlt auf meinem Weg durch das Tor der fünfundsechzig Jahre.

Eintauchen

Die Frauen, denen wir an der Rezeption des Seminarhotels begegnen, sind alle, jede auf ihre eigene, einzigartige Weise, sehr weiblich bekleidet, und ich komme mir mit meinem weißen Businessjäckchen und der schwarzen Hose unpassend vor. »Nimm schöne Kleidung mit, in der du dich wohlfühlst.« Für mich hat »schön« offensichtlich »geschäftlich« bedeutet.

Chameli Ardagh, die Seminarleiterin, ist eine junge Frau. Es trennen uns sicher zwanzig oder mehr Jahre. Doch sie ist eine der Frauen aus der jüngeren Generation, die weiß, dass wir für uns selbst einstehen müssen und können. Und dass es unsere eigene Aufgabe ist, unser volles Potenzial zu leben. Nicht gegen die Männer, sondern für uns.

Und so tauche ich ein und vertraue mich mit fast hundert anderen Frauen ihrer souveränen Führung an. Und gleichzeitig bin ich die weise Alte, die sich freut, einer so wunderbaren, jungen Schwester zu begegnen.

Als ich Ereshkigal durch eine meditativ angeleitete Reise in der Tiefe meines Inneren finde, bin ich überrascht. Eine satte, nährende Dunkelheit empfängt mich, hüllt mich ein, und ich spüre, dass das eine neue Facette meiner dunklen Schwester ist. Gebrüllt und getrauert habe ich schon genug in meinem Leben. Als ich mit zwei kleinen Kindern die Frau eines Mannes war, der eines Verbrechens beschuldigt wurde und der viele Jahre seines Lebens im Gefängnis saß.

Ich spüre, dass jetzt Erntezeit ist. Nährender, dunkler, fruchtbarer Boden erwartet mich, ein Gefühl von Urvertrauen und eine Stille so groß wie die Wüste. Sein.

 Nichts tun müssen. Geborgen in mir.

Als ich wieder an die Oberfläche gelange, bemerke ich zu meiner Überraschung, dass ich nie ganz vollständig gewesen bin. Ich wurde als Sohn erwartet und habe von meinem Vater gelernt, wie man kämpft. Mit dem Schwert. Die Wunden und Verletzungen gehörten dazu und waren der Preis.

Meine Mutter hat nicht gekämpft. Sie ist in einem Leben untergegangen, in dem ihr Lied fast verstummt ist. Mein eigenes Lied hat einen neuen, satten, dunklen Ton dazubekommen.

 Ich lege das männliche Schwert zur Seite und überlasse mich der urweiblichen Kraft.

Rückkehr in den Alltag

Wenn ich eines gelernt habe in meinem Leben: Der Alltag ist ein Hund. Das hat schon meine Tante Mitzi immer gesagt, wenn Franz, ihr Mann, Gott hab ihn selig, zum tausendsten Mal versprochen hat, nicht im Wirtshaus zu versumpfen.

Gleichzeitig bin ich entschlossen, die alte Spur zu verlassen. Und ich weiß, was dafür wichtig ist:

Wenn ich mich von nun an verletzt oder unglücklich fühle, lasse ich mein Schwert stecken, das ich bisher aus alter Gewohnheit gezogen habe, und steige zuerst hinunter in die nährende, dunkle Stille zu Ereshkigal. Und es wird nicht immer leicht sein, ohne Bewertung und Urteil genau hinzusehen.

Dann drehe und wende ich mein Unglück in der satten, dunklen Geborgenheit meines Frauseins. Und sortiere in Ruhe alles auseinander. Den Teil, der mich an einen alten Schmerz in meiner Kindheit erinnert, und den Teil, der tatsächlich zur Situation gehört. Und was dann übrig bleibt, nachdem ich mich selbst getröstet habe, das bringe ich zurück ans Licht und stehe für mich ein.

 Und mit dieser satten, urweiblichen Kraft, die daraus wächst, regiere ich als Königin in Frieden mein eigenes Land.

Fehlschaltung im Gehirn

Ich habe eine Fehlschaltung im Gehirn und mit mir Millionen andere Frauen in unserem Kulturkreis. Diese missratene Spur geht bis in die Antike zurück, und es ist nicht einfach, sie zu verändern. Gleichzeitig ist es unsere einzige Chance, eine BOW zu sein, eine »Beautiful Old Woman«. Denn wenn wir darauf warten, dass diese Aufgabe von den Männern übernommen wird, dann dauert das noch einmal ein paar tausend Jahre.

Die Machtverhältnisse sind bisher geklärt: Im Alter regiert das »starke Geschlecht«. Es bleibt wertvoll, attraktiv, wird gehört und gern gesehen. Der schöne Greis war schon immer eine beliebte Kategorie in der Literatur, in der Malerei, und ist es auch heute noch in unserem Alltag. Von uns Frauen gab es über Jahrtausende meistens nur demütigende Schreckensbilder und Erzählungen vom Zerfall. Und wenn eine ältere Frau es wagte, sich mit einem viel jüngeren Mann einzulassen, dann musste sie schon sehr berühmt sein, damit sich das Gerede in Bewunderung verwandelte. Und das ist heute noch so.

Die amerikanische Essayistin Susan Sontag hat bereits vor mehr als vierzig Jahren auf diesen »double standard of aging« hingewiesen. Geändert hat sich seither nicht wirklich viel.

Man hat uns glauben gemacht, dass unser Körper eine Ware mit Ablaufdatum ist. Ein Produkt, das frisch gehalten werden muss, koste es was es wolle. Wir sind »das schöne Geschlecht«, und mit der Ausrede, dass dieser Posten leider schon besetzt ist, dürfen die Männer im Alter gern fett und hässlich werden, wenn sie das selber nicht stört. Wie schon die Tante Jolesch uns durch Friedrich Torberg mitteilen lässt: »Was a Mann schöner is als a Aff, is a Luxus.«

Bei uns Frauen ist das anders. Wir müssen schön bleiben – was in unserer Gesellschaft immer auch jung bedeutet – und verlieren, wenn wir uns diesen ungeschriebenen Gesetzen unterwerfen, von Jahr zu Jahr an Wert.

Die Katastrophe naht, wenn sich die ersten Falten zeigen. Dann heißt es, verdecke deinen Hals und die Oberarme, zeig dich im Schwimmbad hinter möglichst viel Stoff versteckt und wende alle Mittel an, von Botox bis zur Schönheitsoperation, damit du vor deinem Alter möglichst lange weglaufen kannst. Wenn dann der Kampf verloren ist, versinken viele von uns im Land der Unsichtbarkeit. Hoffen, dass ihre Partner sie trotzdem lieben, sind sich sicher, dass sie keiner mehr schön findet, vor allem nicht sie sich selbst.

Und dort ist die Weiche, die wir stellen können, auch wenn es schwer fällt.

Wir Frauen haben die lohnenswerte Aufgabe, diese Fehlschaltung im Gehirn zu verändern. Die breite Spur der Abwertung zu verlassen, bis sie verschwindet und wir unsere neue Identität erfolgreich in uns selbst finden.

Die Sicht auf das weibliche Älterwerden ist eine konstruierte Wirklichkeit, die schon so lange Gültigkeit hat, dass wir dringend aufgerufen sind, neue Bilder zu erschaffen. Und das gemeinsam.

Unsere wirkliche Emanzipation ist erst dann abgeschlossen, wenn wir unseren Körper in diesen Prozess einbeziehen. Wenn wir jede einzelne Falte willkommen heißen, wenn wir glücklich darüber sind, eine schöne ältere Frau zu sein. Wer das nicht will, sollte bereit sein, früh zu sterben, eine andere Alternative gibt es für uns Menschen nicht.

Der wichtigste Punkt dabei ist, dass wir nicht darauf warten können, bis jemand da draußen uns anders sieht. Diese Arbeit, uns selbst schön zu finden und zu lieben, kann nur in unserem Inneren beginnen. Wenn wir diesen Schritt schaffen, dann gibt es keine »Schönheitspolizei« mehr, die mit der roten oder grünen Kelle unseren Wert bestimmt. Wir selbst müssen unsere Schönheit als ältere Frauen neu definieren und darin Sicherheit finden. Im Einklang mit Körper, Geist und Seele.

Leider sind wir aber nicht nur auf »schön« dressiert, sondern wir sind auch das »schwache Geschlecht«. Jedenfalls sagt man uns das nach. Obwohl allein die Stärke, einen neuen Menschen in uns zu tragen und ihn mit großer Kraft zu gebären, uns einen Sonderstatus geben sollte. Diese fatale Spur in unserem Gehirn sollten wir ebenfalls dringend löschen. Wir sind nicht schwach!

Schließlich stellen wir mehr als fünfzig Prozent der Bevölkerung, auch wenn wir in vielen Lebensbereichen noch immer nicht gleichberechtigt sind. Nach wie vor sitzen in den Vorstandsetagen viel mehr Männer als Frauen, nach wie vor werden die Länder dieser Erde hauptsächlich von Männern regiert. Nach wie vor wird gleiche Arbeit nicht mit gleichem Geld entlohnt. Und am stärksten ist diese Benachteiligung, wenn wir älter werden.

Wir brauchen uns das aus der Geschichte, aus der wir kommen, nicht vorzuwerfen. Die Ohnmacht der meisten unserer Mütter, Großmütter und Urgroßmütter, die sich fügen mussten, weil eine Frau hauptsächlich ihrem Mann gehörte und ohne ihn »keinen Ausweis« hatte, ist uns unbewusst noch sehr vertraut und sitzt in unseren Zellen.

Das muss nicht so bleiben.

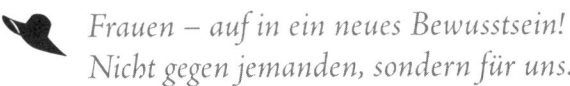 *Frauen – auf in ein neues Bewusstsein!*
Nicht gegen jemanden, sondern für uns.

Wir sind aufgerufen, Politik zu machen – doch die fängt in unserem Inneren an. Der erste Schritt muss sein, dass wir in unsere Tiefe steigen, erkennen, wer wir sind und aus dieser Urkraft schöpfen, die uns dabei helfen wird, die Barrieren in unserem Denken und Handeln einzureißen.

Wir sind als »Weibchen« in unserer Gesellschaft so daran gewöhnt, brav zu sein und uns zu fügen, dass wir die »wilde Alte«, die noch weiß, dass ihr ein erfülltes, weises, erotisches Leben zusteht, schon fast vergessen haben. Doch genau sie, diese Unangepasste, brauchen wir, wenn wir uns nicht in die Unsichtbarkeit ducken wollen, wenn wir nicht am Katzentisch der Gesellschaft sitzen wollen und darauf warten, dass uns von dort jemand abholt.

Es wird Zeit, dass wir uns selbst abholen. Die Gesellschaft sind wir – gemeinsam mit den Männern. Und wenn wir jammern, dass wir keinen Platz im Boot des prallen Lebens haben, dann liegt es auch daran, dass wir bisher noch nicht den Mut hatten, in diesem gemeinsamen Boot mitzurudern. Damit unser Projekt ein Erfolg wird, dürfen wir unsere Vorgeschichte nicht vergessen. Wir brauchen Geduld mit uns und müssen vieles hinterfragen. Wenn wir dieses Bewusstsein für uns nicht schaffen, überfällt uns die alte, abwertende Spur im unpassenden Augenblick und hat gute Chancen zu gewinnen.

Das Buch »Mutprobe« der Journalistin Bascha Mika ist eine scharfsinnige Abrechnung mit dieser Ungleichheit zwischen Frauen und Männern und bringt die Fakten auf den Punkt. Die Schlüsse daraus können nur wir selber ziehen. Jede einzelne Frau, aber auch jede einzelne Frau als Teil unserer Gesellschaft.

Und was ist mit den Männern? Wir sollten sie einladen, ins gemeinsame Boot zu kommen. Denn auch sie haben etwas zu gewinnen – ältere, reife Frauen auf Augenhöhe, die mit ihnen gemeinsam lustvoll alt werden können.

Und die jungen Frauen? Auch sie sollten wir unbedingt ins Boot holen. Sie sind die zukünftigen »Beautiful Old Women«. Wenn wir für sie Vorbild sein können, wenn sie die schöne, ältere Frau in uns entdecken, dann verschwinden vielleicht allmählich auch ihre Fehlschaltungen im Gehirn.

Dann wird die Zeit kommen, wo Frauen ihr Älterwerden bewusst als Prozess begreifen und als schöne, wilde und weise Frauen ihr Alter genießen.

Königin im eigenen Land

»Du siehst ja viel jünger aus«, dieser Satz war mein lieber Weggefährte die letzten dreißig Jahre. Ich mochte ihn, habe ihn gepflegt, gefüttert und schon darauf gewartet, dass er wieder ausgesprochen wird, wenn mir jemand neu begegnet.

Und jetzt wird es Zeit, dass wir voneinander Abschied nehmen. Nicht, dass ich glaube, dass ich ihn nicht mehr hören werde, das ist unwahrscheinlich. Aber was sich verändert hat: Ich habe ihn nicht mehr lieb. Nach so langer Zeit werden wir getrennte Wege gehen.

Es muss sein, weil ich bemerkt habe, was er mich kostet. Ganz unauffällig war an ihm ein Preisschild angebracht, das mir mein Leben lang nicht aufgefallen war. Doch im letzten Jahr habe ich es entdeckt und bin froh darüber, auch wenn es unbequem ist.

Bis dahin war es mir ganz recht, meinem eigenen Alter ein Schnippchen zu schlagen und erfolgreich vor ihm wegzulaufen. Ich habe mich nie so gefühlt und so ausgesehen, wie das Geburtsjahr in meinem Pass es vorsieht. Und war auch noch stolz darauf, weil mir das Klischee, das am Älterwerden haftet wie ein grauer Kaugummi, zutiefst unsympathisch war.

Auf die Idee, dass es besser wäre, das Klischee zu verabschieden, bin ich nicht gekommen.

Warum eigentlich nicht? Vielleicht, weil ich mir dann hätte eingestehen müssen, dass ich zu der Gruppe von Menschen gehöre, deren Leben besonders kostbar ist, weil es nicht mehr nach Unendlichkeit schmeckt.

Denn eines ist den meisten von uns gemeinsam: Wir leben, als ob wir unsterblich wären. Wir vergeuden Zeit mit Dingen, die es im Angesicht unserer Endlichkeit nicht wert sind, wir setzen immer wieder Prioritäten, die nicht dazu passen, dass unsere Lebenszeit begrenzt und kostbar ist.

Wir fragen uns viel zu selten, was wäre, wenn ich nur noch ein Jahr zu leben hätte. Und weil wir Menschen den Tod meistens nicht als guten Ratgeber für ein lebendiges Leben verstehen, verdrängen wir den Gedanken an ihn. Wir bemühen uns, so lange es geht, in dem Zeitabschnitt, der zuerst Jugend und später Jugendlichkeit heißt, zu verweilen, obwohl es ein kostbares Geschenk ist, alt zu werden.

Der Preis, den wir dafür bezahlen, ist hoch. Und jetzt, wo ich diesen Preis erkenne und Abschied genommen habe von meinem vertrauten Satz, ist mir klar: Wenn ich Königin im eigenen Land sein will, dann muss ich es auch bewohnen. Dann kann ich nicht ständig in andere Ländereien flüchten und so tun, als ob sie meine wären. Geborgtes Land gibt keine Heimat.

Und deswegen habe ich mich entschlossen, das Land meiner fünfundsechzig Jahre ganz zu bewohnen. Es in jeder Facette zu erforschen, jede noch so kleine Schönheit darin zu entdecken, es zu bepflanzen und zu bewässern. Weil es mein ureigenstes Land ist. Ich stelle mir vor, wie ich dieses neue Land betrete und alles hinterfrage, was bisher Gültigkeit hatte. Jede noch so kleinste Handlung in meinem Alltag – angefangen beim Frühstück bis zu den vielen Ritualen, Tätigkeiten und Gedanken, die sich im Laufe meines Lebens eingefunden haben.

Das wird Zeit brauchen. Und an manchen Stellen wird es nicht ganz einfach sein. Denn was ich auch erkenne in meinem neuen Land: Ich bin für niemandes Glück zuständig. Nur für mein eigenes. Wer glaubt, dass das nach verwerflichem Egoismus klingt, dem kann ich nur empfehlen, als wilde, weise Frau dieses Glück auszustrahlen. Das gelingt nicht, wenn wir uns für andere verbiegen, sondern nur, wenn wir zu uns selber stehen.

Bei dieser Gelegenheit verabschiede ich mich auch gleich von einem zweiten Satz, der mir mein Leben lang vertraut war: »*dir* zuliebe«. Auch er trägt ein Preisschild, das mir lange nicht aufgefallen ist. Der Satz kann nur heißen »*mir* zuliebe«.

Mir zuliebe sitze ich mit dir vor dem Fernseher und schaue einen Krimi an, weil ich es genieße, dabei in deinem Arm zu liegen. *Mir* zuliebe bleibe ich heute zu Hause, statt an einer Wanderung teilzunehmen, weil ich gern mit dir sein möchte und das für mich in diesem Augenblick Priorität hat. Dafür zahle ich gern den Preis, denn Krimis sind eigentlich nicht meine Spezialität und meine Nomadin wandert gern.

Es ist ein großes Forschungsprojekt, und ich selbst stehe noch am Anfang. Aber die ersten Schritte sind ermutigend. Und wenn der vertraute Satz »Du siehst ja viel jünger aus« oder die Redewendung »dir zuliebe« daherspaziert kommen, dann verneige ich mich freundlich, denn lange habe ich sie sehr gern gehabt.

 Als Königin im eigenen Land sende ich ein Dekret an alle Teile in mir, dass es von nun an erlaubt ist, die Blüte meiner Jahre voll zu genießen.
Genau heute. Und genauso, wie ich es will.

Vom Mädchenorchester in Auschwitz zur Rapband

»Ach, Sie sind's schon!«, sagt Esther ungehalten, als sie die Tür öffnet, und funkelt mich aus ihren wachen, braunen Augen empört an. Dann dreht sie sich abrupt um, geht vom Vorzimmer in ihre Küche und wendet mir den Rücken zu. Ich sehe, dass er gebeugt ist von einem harten Leben, aber nur der Rücken. Voller Spannkraft macht die kaum ein Meter fünfzig große Frau wieder eine Drehung in meine Richtung und sagt noch immer ungnädig: »Es ist doch erst elf Uhr! Ich dachte, dass sie erst später vom Flughafen kommen, ich bin noch nicht fertig.«

Ich schaue in ihr wunderschönes, lebendiges Gesicht mit dem kurz geschnittenen schlohweißen Haar, nehme wahr, dass sie einen roten Lippenstift trägt und einen kleinen Lidstrich, und stammle: »Aber Sie sehen doch toll aus!«

»So ein Quatsch, darum geht es doch gar nicht! Gestern bin ich mit meiner Rapband ›MicrophoneMafia‹ auf einer Veranstaltung gegen Faschismus vor vierhundert Menschen aufgetreten und erst um zwei Uhr in der Früh nach Hause gekommen, weil wir gefeiert haben. Ich bin total erschöpft!«

»Und wie sind Sie zu einer Rapband gekommen?«, frage ich sie, in der Hoffnung, von meinem zu frühen Erscheinen abzulenken.

»Ich habe die Jungs vor ein paar Jahren kennengelernt, als sie den Auftrag hatten, antifaschistische Lieder zu komponieren. Sie haben mich gebeten, sie dabei zu beraten. Seither spielen wir gemeinsam Konzerte für den Frieden und gegen die Intoleranz. Wir sind drei Generationen und drei Nationen auf der Bühne, Christen, Moslems und Juden!«

Dann unterbricht sie sich.

»Das ist jetzt wirklich unpassend, dass ich so früh mit Ihnen reden soll! Jeder weiß, dass ich erst nach elf Uhr ansprechbar bin. Ich habe doch gerade erst gefrühstückt!«

»Soll ich später kommen?«, frage ich, eingeschüchtert von ihrer messerscharfen Klarheit.

»Nein«, knurrt sie, »jetzt bleiben Sie, wenn Sie schon einmal da sind.«

Sie geht mit mir, während sie spricht, in ihr Wohnzimmer, und ihr Ärger ist so schnell wieder verflogen, wie er gekommen ist. Esther lächelt und zeigt auf einen großen Strauß mit gelben Rosen.

»Die habe ich bei der Veranstaltung bekommen, ich bin ständig unterwegs. Ich wundere mich selber, wie ich das mit meinen fast neunzig Jahren aushalte. Aber das Erinnern ist meine Lebensaufgabe geworden, und es gibt noch so viel zu tun!«

Sie lächelt wieder und sagt mit ihren Augen, dass ich willkommen bin. Dann legt sie ein paar Papiere zur Seite und bietet mir Platz auf ihrem weichen Sofa an.

An den Wänden der hellen, gemütlichen Wohnung im Hamburger Vorort Groß-Borstel hängen überall Plakate mit Ankündigungen ihrer Auftritte. Einmal mit ihrer Band, dann wieder eine Lesung, eine Filmvorführung oder ein Vortrag, dazwischen Einladungen zur Überreichung eines Preises.

Esther folgt meinen Blicken und erklärt: »Die Ehrungen sind wichtig. Nicht weil ich eitel bin, sondern weil wir dabei mediale Aufmerksamkeit bekommen.«

Sie nimmt aus dem Bücherregal die höchste Kulturauszeichnung der Stadt Hamburg und legt sie vor mich auf den Tisch.

»Wir dürfen nicht nachlassen, die Menschen aufzurütteln. Damit das, was wir erlebt haben, nie mehr passieren kann. Glauben Sie, dass die Jugend von heute noch weiß, dass Millionen Menschen in Gasöfen verbrannt oder erschossen und in Massenlagern verscharrt wurden?«

Sie sagt es nicht verbittert, sondern mit Leidenschaft und wilder Entschlossenheit.

»Ich habe gemeinsam mit anderen das Auschwitz-Komitee gegründet, dessen Vorsitzende ich noch immer bin. Wir sind international vernetzt und engagieren uns gegen Neofaschismus, Antisemitismus, Rassismus und Militarismus. Wir nehmen auch dann Stellung, wenn es um Asylfragen geht.«

Esther steht auf und holt einen Zeitungsartikel mit der großen Überschrift: »Bejarano: Polizeiaktion eine Schande.«

»Ich habe im letzten Jahr auf einer Pressekonferenz die Stadt Hamburg für ihre Lampedusa-Flüchtlingspolitik angegriffen. Wir können doch nicht heute noch immer Menschen wie Tiere behandeln!«

Als sie mir einen Brief an Bundeskanzlerin Merkel zeigt, in dem sie im Namen des Komitees für Roma und Sinti eintritt, sagt sie kämpferisch: »Wir haben nicht vergessen, dass sie so wie wir in Auschwitz und anderen Lagern als ›unwertes Leben‹ vernichtet worden sind.«

Und dann erzählt sie über ihr eigenes Leben. Drei Stunden lang.

»Ich habe dreißig Jahre nicht über das geredet, was mir passiert ist. Ich wollte es verdrängen. Nur einmal, nachdem alles vorbei war und ich mit meiner Freundin Miriam nach Israel ausgewandert bin und zu meiner Schwester Tosca kam, haben wir eine ganze Nacht und einen ganzen Tag lang erzählt. Und danach habe ich das Grauen wieder in mir verschlossen und wollte nichts mehr damit zu tun haben.«

Esther sagt es ohne Emotionen, so, als ob heute die Gewohnheit des inzwischen jahrelangen Erzählens auch ihren Schmerz und das Entsetzen gelindert hätte.

»Für mich war es wie eine Befreiung, endlich darüber zu sprechen. In den dreißig Jahren, in denen ich hoffte, dass mein Schweigen mir Vergessen bringt, hatte ich ständig Albträume mit den Bildern von damals.

Der Tag, an dem ich wusste, dass ich jetzt nicht mehr schweigen darf, war der, als vor meiner Boutique in Hamburg, die ich nach meiner Rückkehr aus Israel aufgemacht hatte, Nazi-Gruppierungen einen Informationsstand aufgestellt hatten. Sie verprügelten Passanten, die sich ihnen entgegenstellten, und die Polizei sah dabei zu. Da wusste ich, dass ich an unser Schicksal erinnern musste, und habe mich mit Menschen zusammengetan, die gegen den Faschismus kämpfen. Die gab es ja Gott sein Dank noch immer in Deutschland.«

Es ist ein warmer Tag im Februar, draußen auf dem Baum im kleinen Park der Wohnanlage aus rotem Backstein singen die ersten Vögel. Esther steht auf und öffnet das Fenster.

»Es ist so schön heute.«

Dann tritt sie kurz auf ihren Balkon, schaut auf den Teich unter ihrem Fenster und atmet durch.

»Ich bin so dankbar, dass es mir heute so gut geht. Und wenn ich frei habe, bin ich am liebsten zu Hause und erhole mich. Ich muss nicht in Urlaub fahren, ich reise ohnehin so viel.«

Dann setzt sie sich mir gegenüber und taucht ein in eine Zeit, die unvergesslich ist.

»Meine Mutter war Jüdin und mein Vater Halbjude. Er hat alles versucht, um mit uns Deutschland rechtzeitig zu verlassen. Aber wir waren nicht vermögend genug, um uns die Freiheit zu kaufen, wir haben es nicht geschafft. Und dann kam der 9. November 1938. In ganz Deutschland und vielen anderen Ländern Europas brannten die Synagogen, überall wurden jüdische Geschäfte zerstört und Juden mit Schlagstöcken geprügelt, aus ihren Häusern getrieben und verhaftet. Als die Nazis um sieben in der Früh kamen und meine Eltern aus dem Bett holten, sagten sie meinem Vater, dass er in Deutschland bleiben kann, wenn er sich von meiner Mutter trennt. Aber er antwortete: ›Ich habe viele schöne Jahre mit meiner Frau verlebt. Soll ich sie etwa allein ins Unglück gehen lassen?‹ Sie waren dreiundvierzig und siebenundvierzig Jahre alt und wurden im November 1941 in Kowno in Litauen, wohin sie verschleppt worden waren, in einem Lager erschossen und in einem Massengrab verscharrt.

Von meiner älteren Schwester Ruth, die es geschafft hat, nach Holland zu flüchten, habe ich nach dem Einmarsch der Nazis noch einen Brief bekommen, in dem sie schreibt, dass sie versucht, in die Schweiz zu kommen. Ihr Mann und sie haben es bis zur Grenze geschafft. Aber die Schweizer haben sie nicht ins Land gelassen. Sie wurden von den Nazis auf deutschem Boden erschossen.

Ich wusste das alles damals nicht. Meine Eltern wollten mich retten und haben mich in ein Vorbereitungslager zur Einwanderung nach Israel geschickt. Doch es war zu spät. Tosca, meine älteste Schwester, hat es noch geschafft, aber ich wurde, als die Nazis alle jüdischen Einrichtungen aufgelöst haben, als Zwangsarbeiterin in das Arbeitslager Fürstenwalde an der Spree gebracht.

Dort fand ich eine Freundin, Carmen. Sie arbeitete wie ich als Zwangsarbeiterin in einem Blumengeschäft, und als uns ein Freund, der in der Gärtnerei im Lager arbeitete, um Blumendraht bat, haben wir manchmal einen für ihn abgezweigt. Carmen wurde dabei erwischt, die Gestapo kam und nahm sie mit. Sie war erst siebzehn Jahre alt und wurde nach Auschwitz gebracht, wegen einer einzigen Rolle Blumendraht! Wir lebten schon damals in ständiger Todesangst und haben von sieben Uhr früh bis sieben Uhr abends unentgeltlich gearbeitet.

Im April 1943 wurde unser Lager geschlossen, ich packte meinen Koffer und stand dann mit Tausend anderen an der Sammelstelle Große Hamburgerstraße in Berlin.

Wir wurden in Viehwaggons zusammengepfercht und deportiert. Es stank, wir hatten kein Wasser und kaum etwas zu essen, viele alte und kranke Menschen starben auf dem Transport. Wohin der Zug fuhr, wussten wir nicht. Und endlich dann, nach vielen Tagen, die Erlösung. Ich dachte, dass ich wieder in ein Arbeitslager komme, und war froh, als ich sah, dass die Alten, die Kranken, die Schwangeren und die Mütter mit Kindern aufgefordert wurden, auf Lastwagen zu steigen, damit sie nicht zu Fuß gehen mussten. Ich fand das eine schöne Geste. Wir haben sie nie wiedergesehen, sie wurden direkt in die Gaskammern gefahren.

Uns trieben sie in eine große Halle. Wir mussten uns unter den Blicken der SS-Männer nackt ausziehen, wurden brutal geschoren und tätowiert. Ich bekam die Nummer 41 948. Dann lagen wir auf Holzbrettern, ohne Stroh und ohne Decken. Wir sahen die anderen abgemagerten Häftlinge und wussten, was uns erwartete. Das Essen war erbärmlich, in der Suppe waren nur Kartoffelschalen, Brennnesseln und andere dubiose Zutaten, wir hatten ständig Durchfall. Am Tag mussten wir in Arbeitskolonnen Steine schleppen.«

Das Telefon läutet. Esther spricht mit einer Besucherin des gestrigen Konzerts und strahlt: »Danke, dass es dich so berührt hat und danke für die wunderschönen Blumen.«

Dann legt sie auf und sagt: »Wissen Sie, was wirklich schön ist? Wenn ich aus meinem Buch lese, dann ist es im Saal ganz still. Man könnte eine Stecknadel fallen hören. Zuerst lese ich von Auschwitz und dann am Ende aber auch von meiner Befreiung, damit die Leute nicht deprimiert nach Hause gehen.«

Als sie weiterspricht, leuchten ihre Augen.

»Die Wende kam, als sie im Lager nach Mädchen gesucht haben, die ein Instrument spielen können. Ich würde heute nicht vor Ihnen sitzen, wenn ich dieses Glück nicht gehabt hätte. Die Musik hat mir das Leben gerettet. Ich habe schon vorher für die Blockältesten, die zwar Gefangene waren, aber gewisse Privilegien hatten, Schubert, Mozart, Bach und vieles andere gesungen. Eben alles, was ich in meinem musikalischen Elternhaus, mein Vater war Kantor der jüdischen Gemeinde, gelernt hatte. Und diese Frauen, die mir wohlgesonnen waren, haben mich als Musikerin vorgeschlagen.

Wir waren zu dritt, die sich beim Orchester vorstellen durften. Hilde als Geigerin, Sylvia als Flötistin und ich als Klavierspielerin. Aber es gab im Lager gar kein Klavier, und als ich zum Vorspielen kam, sagte die Dirigentin: Kannst du Akkordeon spielen? Ich sagte ja, obwohl ich noch nie eines in der Hand gehabt hatte. Und ich habe gespielt. Um mein Leben. Und noch heute ist es für mich ein Wunder, dass ich in meiner Todesangst diesem Instrument Töne entlocken konnte. Das Einzige, was ich wusste, war, dass man ziehen musste, damit ein Ton herauskommt. Rechts auf dem Instrument waren so etwas Ähnliches wie Klaviertasten, links die Bässe. ›Du hast Glück bei den Frauen, Belami‹ habe ich gespielt und wurde ins Orchester aufgenommen.

Unsere Aufgabe war es, jeden Morgen für die Arbeitskolonnen zu spielen, wenn sie das Lager verließen. Und am Abend, wenn sie zurückkamen, haben wir wieder gespielt. Es war schrecklich. Diese zerlumpten, halb verhungerten, zum Skelett abgemagerten Menschen mussten im Gleichschritt marschieren, und wer vor Schwäche umfiel, wurde einfach erschossen. Moll, einer der Arbeitsführer, hatte einen Schäferhund, und wenn ihm danach war, ließ er geschwächte Frauen einfach von seinem Hund zerfleischen.

Paradoxerweise hat genau dieser Mann mir das Leben gerettet. Ich bekam Typhus und hatte hohes Fieber, das war im Lager ein Todesurteil. Er sorgte dafür, dass ich wieder gesundgepflegt wurde. Er wollte seine Akkordeonspielerin nicht verlieren.

Als ich nach einem Monat wieder zurück in meinen Block kam, hatte ich ein neues Problem. Inzwischen war aus Griechenland ein Transport angekommen und mit ihm Lilly, eine Musikprofessorin und hervorragende Akkordeonspielerin, die inzwischen meinen Platz im Orchester eingenommen hatte.

Ich war wieder in Lebensgefahr und schlug vor, Blockflöte zu spielen, ein Instrument, das ich sehr gut beherrschte, aber fast vergessen hatte. Kaum war alles wieder geregelt, erkrankte ich an Keuchhusten und hatte nicht mehr genug Luft für dieses Instrument. Frau Tschaikowska, unsere Dirigentin, mochte mich. Sie ließ mir schnell ein paar Gitarrestunden geben, und ich war wieder gerettet.

Die seelische Belastung war noch viel größer als die körperliche. Es gab immer wieder einen Appell, bei dem Selektionen vorgenommen wurden. Dann kam der Oberstabsarzt Mengele mit seinen Helfern und musterte uns. Wenn er vor einem Häftling die Hand nach rechts bewegte, war er für die Gaskammer fällig. Die Handbewegung nach links bedeutete, dass man weiterleben durfte oder musste.

Die Menschen in den Arbeitskolonnen konnten oft nicht mehr, die Devise der Nazis hieß ›Tod durch Arbeit‹. Wer es nicht schaffte, wurde mit Schlagstöcken verprügelt. Ich dachte immer, mein Gott, und wir helfen ihnen mit unserer Musik noch dabei! Dieser Gedanke hat mich halb umgebracht. Aber hinter uns standen ebenfalls Soldaten mit Gewehren, und wenn wir nicht gespurt hätten, wären wir einfach erschossen worden. Die SS befahl uns zu spielen, wenn neue Transporte ankamen, die direkt in die Gaskammern kamen. Wir wussten, was diesen Menschen blüht, aber sie wussten es nicht. Sie dachten sicher, dass es dort, wo Musik gespielt wird, nicht so schlimm sein kann.«

Esther redet und gestikuliert aufgeregt, als sie mir diese unfassbaren Grausamkeiten erzählt, und ich frage sie, was ihr ermöglicht hat zu überleben. Da sitzt sie eine Weile ganz still da und antwortet nach Langem.

»Das weiß ich nicht. Darauf habe ich keine Antwort. Vielleicht war es der Hass. Ich habe mir immer gesagt, ich muss das überleben, weil ich mich rächen muss. Ich werde hier nicht sterben, ich muss Zeugnis ablegen von diesen Gräueltaten. Das hat mir geholfen. Im Gegensatz zu anderen, die einfach nicht mehr leben wollten. Ich habe immer wieder Frauen gesehen, manchmal auch aus dem Orchester, die am Morgen tot im elektrischen Zaun hingen, weil sie lieber Schluss machen wollten, als so behandelt zu werden. Auf der anderen Seite hat mir die Musik geholfen. Sie hat mich daran erinnert, dass ich ein Mensch bin. Trotz allem.

Nach sechs Monaten hieß es plötzlich, dass alle, die arisches Blut in ihren Adern hatten, verlegt werden, weil sie doch nicht vernichtet werden sollten. Es ist mir schwer gefallen, meine Freundinnen im Orchester zu verlassen. Aber sie haben mich bestürmt zu gehen.

Ich kam nach Ravensbrück, das war damals noch kein Todeslager, und arbeitete dort zwei Jahre lang als Zwangsarbeiterin. Die meiste Zeit für Siemens, die Firma hatte neben dem KZ zwanzig Werkhallen errichten lassen.

Und dann war eines Tages klar, dass die Nazis den Krieg verloren hatten. Die Sowjets waren im Anmarsch auf Berlin, und wir mussten unsere Sachen packen und das Lager verlassen. Es wurde ein Todeszug. Wir haben ihn so genannt, weil so viele Menschen dabei starben. Wir wussten nicht, wohin wir gehen. Wir waren alle geschwächt und mussten tagelang durch Städte, Wälder und über Felder marschieren. In der Nacht legten wir uns einfach auf den Boden, egal wo wir gerade waren. Meistens auf die großen Plätze in den Städten. Es war April, und die Pflastersteine waren kalt. Am Tag gingen rechts und links von der Kolonne SS-Leute und erschossen jeden, der hinfiel. Nach fünf Tagen hörten wir, wie einer der Anführer sagte, dass nicht mehr geschossen werden dürfe.

Wir waren sieben Freundinnen und sind an diesem Tag abgehauen. Unser Plan ging auf. Als wir durch einen Wald kamen, hat sich jede hinter einem anderen Baum versteckt. Die Kolonne zog ohne uns weiter. Wir rissen uns unsere Sträflingskleidung vom Leib, darunter hatten wir schon Zivilkleidung angezogen, und mischten uns unter die vielen Menschen, die auf der Landstraße mit Leiterwagen und vollbepackten Koffern herumirrten.«

Es war ein langer Weg für Esther bis zu einem sicheren Leben. Das Chaos im Land, die Ungewissheit, was mit ihrer Familie passiert ist, der Hunger, die Ungewissheit, wohin. Und doch gab es Momente, die sie selbst aus dieser Zeit als positive Bilder gespeichert hat.

»Ein Bauer gab uns in der ersten Nacht Unterkunft in seinem Heustadel. Er stellte uns einen Kübel gekochte Kartoffeln hin. Wir sind darüber hergefallen und waren glücklich. Endlich eine warme Mahlzeit. Am nächsten Tag begegneten wir einer amerikanischen Streife. Sie umarmten und küssten uns, als wir ihnen unsere Nummern auf dem Unterarm zeigten, und besorgten uns ein Quartier und Essen. Und als dann die rote Armee einmarschierte, umarmten sich die amerikanischen und russischen Soldaten. Einer der Russen brachte ein großes Bild von Hitler mit.

Wir stellten uns auf den Marktplatz des kleinen mecklenburgischen Städtchens Lübsch, und einer rief: ›Wer macht Musik?‹ Da stand ich mit meinem Akkordeon, das ein Soldat mir geschenkt hatte, und spielte, während das Bild von Hitler lichterloh brannte und alle rund ums Feuer tanzten.

Das werde ich nie vergessen. Was mir auch ewig in Erinnerung bleiben wird, war ein Bauer, der uns mit seiner Frau herzlich willkommen hieß und uns mit gutem Essen verwöhnte. Und nach ein paar Tagen ging er mit uns in den Gemüsegarten und grub eine Kiste aus. ›Ich bin Kommunist‹, sagte er. ›Und diese Bücher habe ich gerettet, ich habe sie nicht verbrannt, wie die Nazis es verlangt haben.‹«

Der Alltag nach der Freude, aus dem Lager entkommen zu sein, war trotzdem bitter. Die Mädchen wussten nichts von ihren Familien und wollten sich nach Bergen-Belsen durchschlagen, wo es ein Zentrum für »displaced persons« gab.

»Es war ein weiter Weg, wir gingen und gingen. Wir haben in Treppenhäusern geschlafen und hatten nichts zu essen. Manchmal gab uns jemand ein Stück Brot, und als wir endlich ankamen, fanden wir zwar auf den Listen der Überlebenden ein paar Freunde, aber niemand von unserer Familie.

Da wollte ich nur noch weg aus Deutschland. Ich wollte keine Deutsche mehr sein und entschloss mich, nach Israel auszuwandern.«

Was einfach klingt, war ein mühsamer Prozess. Wer kein Zertifikat hatte, durfte nicht ins Land. Mit einem gefälschten Dokument schaffte es Esther, sich mit ihrer Freundin Miriam nach Marseille durchzuschlagen und sich einen Platz auf der Mataora, einem Auswandererschiff, zu erkämpfen.

»Wir sind alle mit der Hoffnung auf ein menschenwürdiges Leben nach Palästina gereist und kamen im September 1945 in Haifa an. Wir hatten die Vorstellung, dass wir mit Jubel empfangen werden und dass unsere Verwandten uns in die Arme schließen werden. Stattdessen wurden wir sofort in ein Aufnahmelager gesteckt. Und wieder war ich hinter einem hohen Drahtzaun. Als meine Schwester und ihr Mann uns besuchen kamen, war dieser Zaun dazwischen und wir konnten uns nicht einmal umarmen. Nach der Quarantäne durften nur jene das Lager verlassen, die von jemandem abgeholt wurden. Meine Familie hat Miriam mit aufgenommen, sie hatte keine Verwandten in Palästina.«

Esther blieb ein paar Jahre in dem für sie fremden Land, ließ sich zur Koloratursopranistin ausbilden, begegnete ihrem Mann, brachte zwei Kinder zur Welt und fühlte sich doch nie ganz heimisch.

»Ich wurde mit dem Klima nicht fertig. Es war zu heiß und auch zu windig, und so kam ich nach Deutschland zurück. Am Anfang war das sehr schwer. Ich konnte niemandem vertrauen und habe bei jedem Menschen, der im passenden Alter war, gedacht: Bist du einer von denen, die meine Eltern und meine Geschwister umgebracht haben? Warst du daran beteiligt, dass mein Leben und das Millionen anderer zerstört wurde?

Doch nach und nach fand ich Freunde, und heute lebe ich in einem großen Netzwerk, das diese Arbeit trägt. Nissim, mein Mann, ist schon vor Langem gestorben, aber er hat mein Engagement immer gutgeheißen und mich unterstützt, auch wenn er nicht aktiv beteiligt war.

 Aber das Wichtigste in meinem Leben bleibt meine Familie. Wenn man so wie ich so viele Menschen verloren hat, dann sind die, die noch da sind, umso kostbarer.

Meine Kinder sind wunderbar. Meine Tochter Edna ist bis zu ihrem Herzinfarkt mit mir gemeinsam aufgetreten, und mein Sohn Joram ist immer noch dabei und spielt Gitarre. Ich liebe meine Enkel, und genau für diese Generation müssen wir kämpfen, dass das nie mehr passiert.

Ich lese und erzähle viel an Schulen, und einmal ist ein Mädchen aufgestanden und hat mich angeschrien: ›Du lügst, das ist alles nicht wahr!‹ Die anderen haben sie dann aus der Klasse geworfen. Zwei Jahre später hat sie mir einen Brief geschrieben und sich entschuldigt. Sie war in eine Nazigruppierung geraten und hat geglaubt, was die ihr erzählt haben. Und genau dafür lohnt es sich einzutreten. Dass die Jungen, die schon so weit weg von unserer Geschichte sind, erfahren, was sich damals zugetragen hat. Wussten Sie, dass ›Shoah‹, wie wir den Holocaust nennen, ›das große Unglück‹ heißt?«

Esther ist müde. Ich wage es nicht, sie zu umarmen, wir sind immer noch beim Sie.

Wir verabschieden uns, morgen werde ich sie abholen und sie zur Vorführung des Filmes »Mut zum Leben, die Botschaft der Überlebenden von Auschwitz« begleiten. Er wird in ihrem Bezirk während der »Woche des Gedenkens« gespielt. Eine halbe Stunde später läutet im Zimmer des Hotels, das sie für mich ausgesucht hat, weil es um die Ecke von ihrer Wohnung liegt, das Telefon.

»Ich muss mich bei dir entschuldigen, ich habe mich unmöglich benommen, als du angekommen bist.«

Ich freue mich über das du und beruhige sie: »Ich bin froh, dass deine Geschichte so anfangen kann, es macht aus einer Heldin einen trotzdem normalen Menschen.«

Esther lacht herzlich und sagt mit ihrer warmen, weichen Stimme: »Ich freue mich morgen auf dich.«

Und da sitze ich jetzt in einem Vorort von Hamburg und bin doch aus der Zeit gefallen. Ich nehme Esthers Buch »Erinnerungen« mit dem Untertitel »Vom Mädchenorchester in Auschwitz zur Rap-Band gegen Rechts« und fahre an die Alster.

Mein Plan, meine Mitschriften sofort in einen Text zu verarbeiten, kommt mir absurd vor. Ich muss verdauen, ein Stück Abstand gewinnen, mich selber einsammeln nach diesem Schicksal, das so schwer wiegt.

Auf dem Weg zur U-Bahn erinnere ich mich wieder daran, dass in meiner Schulzeit der Holocaust im Geschichtsunterricht nicht einmal erwähnt wurde. Und dann taucht noch ein Bild auf, das ich schon fast wieder verdrängt hatte: U-Bahn Schwedenplatz in Wien.

Eine Gruppe netter, gut angezogener Jugendlicher kommt herein. Sie lachen und ziehen sich spielerisch gegenseitig die Mützen vom Kopf. Wie junge Hunde, denke ich mir und freue mich. Plötzlich, der Zug hat gerade erst die Station verlassen, reißt einer der jungen Männer die rechte Hand in die Höhe und brüllt »Heil Hitler!«. Die anderen lachen, und von ihnen angefeuert salutiert der noch einmal.

Die Burschen setzen sich, und ich stehe auf und gehe hin.

»Ich möchte euch etwas erzählen«, sage ich sanft. »Von einem Mädchen in eurem Alter, das in einem Konzentrationslager um sein Leben gespielt hat.«

Der Anführer der Gruppe hält sich die Ohren zu und sagt: »Was quatschst du da?«

Am Jungfernsteig spaziere ich am Ufer entlang und merke plötzlich, dass meine Beine schwer sind von der Last der

Geschichte. Ich setze mich an der Binnenalster auf eine der Steinbänke und schaue übers Wasser.

Esther ist bei mir. Ich höre ihre Stimme, die diese unfassbare Geschichte erzählt, und möchte einfach den ganzen Tag hier sitzen und meine vibrierenden Zellen beruhigen. Eine Frau, vielleicht knapp vor sechzig, mit einem kleinen Rucksack in der Hand fragt, ob sie sich zu mir setzen darf, weil alle anderen Steinbänke besetzt sind. Ich bin so tief mit Esther verbunden, dass ich dieser Fremden von ihr erzählen muss, und bin froh, dass sie mir bewegt zuhört.

Dann wird mir kalt. Ich muss am Wasser bleiben, weil es mich beruhigt, und spaziere an einer der wunderbaren Straßen an einem Kanal entlang Richtung Hafen. Ich stehe lange am Ufer, sehe den Schiffen zu, die ankommen und wegfahren, und höre Esthers Worte.

»Auf der Mataora waren die meisten Menschen einem Konzentrationslager entkommen, und wir hatten alle so große Hoffnungen auf ein gutes Leben.«

Später setze ich mich vor einem Restaurant mit Blick aufs Wasser in einen Strandkorb, trinke heiße Schokolade und blättere durch ihr Buch. Es ist eigentlich zu kalt, um draußen zu sitzen, aber ich kann im Augenblick keine engen Räume ertragen.

Ich sehe Bilder von Esther und ihren Geschwistern aus glücklichen Tagen. »Die Loewy-Kinder beim Spielen«, steht darunter. Ruth, links vorne im Bild, wurde an der deutsch-schweizerischen Grenze erschossen. Gerhard und Tosca konnten rechtzeitig flüchten und haben überlebt. Dann ein Bild, Esther in ihrer Schulklasse mit der Bildunterschrift: »Nachdem jüdischen Kindern verboten wurde, allgemeine Schulen zu besuchen, mussten sie auf neu gegründete jüdische Schulen wechseln.« Das war 1935.

Dann ein Bild ihrer christlichen Großmutter Ida. »Sie war meine Rettung«, schreibt Esther in den Untertitel, weil sie dadurch als »Viertelarierin« eingestuft wurde.

Unter den Porträts ihrer Eltern steht: »Dies sind die letzten Fotos von Margarethe und Rudolf Loewy …«

Es ist schon fast dunkel, als ich vorbei an der imposanten Speicherstadt zurück zum Jungfernsteig spaziere. Die alten Lagerhäuser sind alphabetisch geordnet, und als ich Block A und dann B lese, denke ich wieder an Esther.

Ich werde dieses Wort für immer mit ihr verbinden. Die »Blockowas« waren die Aufseherinnen im Lager Birkenau in Auschwitz. Die Geschichte dieser kleinen, mutigen, zähen, bewundernswerten Frau auf ein paar Stunden Erzählung zusammengepresst bleibt für immer in mir als Wissen gespeichert.

Am nächsten Tag:

Esther ist gut gelaunt, als eine Freundin uns abholt und zum Kino fährt, in dem der Film gezeigt wird, in dem sie mitspielt. Sie unterhalten sich über eine Geburtstagfeier, zu der sie gestern eingeladen waren, und wundern sich, dass ihre Freundin schon so alt ist. »Und wir doch eigentlich auch«, kichert Esther. »Aber das merke ich nur manchmal, wenn mir mein Rücken und meine Beine nach einem Auftritt weh tun.«

Als wir ankommen, warten schon viele Menschen im Foyer auf den Einlass, beeindrucktes Gemurmel, als Esther vorübergeht. Sie lächelt, drückt ein paar Hände, die ihr entgegengestreckt werden, bleibt aber nicht stehen.

»Ich möchte mich einfach sofort im Filmsaal hinsetzen, so

viele Auftritte hintereinander sind eigentlich zu anstrengend für mich.«

Eine der Organisatorinnen bietet ihr ein Glas Tee an, und sie sagt freundlich, aber bestimmt: »Das ist meine Freundin aus Wien, bitte bringen Sie ihr auch etwas zu trinken.«

Dann sitzt sie auf dem Podium, und Rolf Becker, der wunderbare Schauspieler, der sie durch den Film begleitet hat, hält eine bewegende Rede und liest ein Stück aus dem Nachwort ihres Buches.

»Esther wurde nach Auschwitz deportiert, als sie ein Mädchen war. Diese Tatsache ist derart übermächtig, dass der restliche Teil des Lebens in der Wahrnehmung der Zeitzeugen und der Zuhörer nahezu ausgelöscht oder zumindest an den Rand gedrängt wird. Über Auschwitz zu sprechen, birgt immer das Risiko des Außergewöhnlichen. ›Außergewöhnlich‹ ist ein Wort, das Distanz schafft, das die Geschichte und ihre handelnden Figuren unerreichbar macht.«

Ich beuge mich zu ihr und flüstere: »Siehst du, deswegen war es so wichtig, dass du mich angeschnauzt hast.«

Esther lächelt, drückt meine Hand und flüstert zurück: »Du bist meine Freundin.«

Sie wird auf die Bühne gebeten, und Rolf stellt ihr Fragen. Als er sie daran erinnert, wie sie mit Wasserwerfern beschossen wurde, als sie eine Rede auf einer Kundgebung von Nazis halten wollte, sagt sie: »Mich kriegt man nicht so schnell tot.«

Dann beginnt eine Filmreise, die unter die Haut und direkt ins Herz geht ist. Esther in der Hamburgerstraße in Berlin. Da steht sie mit Rolf Becker an der Gedenkstätte, die daran erinnert, dass von diesem Sammellager Millionen in den Tod geschickt wurden.

»Von hier bin ich weggefahren, nach Auschwitz«, sagt Esther, und wir sehen ihr Gesicht in Großaufnahme.

Und wieder wundere ich mich, wie sie so gefasst bleiben kann. Sie bleibt vor einer Skulpturengruppe stehen und sieht sich die Figuren an, Symbol für die Deportierten.

»Schau dir ihre Mimik an, genauso haben wir ausgesehen, so verzagt und so verzweifelt.«

Rolf Becker legt im Film den Arm um sie, und ich bin froh darüber. Dann sehen wir die beiden am Grab ihrer Großeltern. Ihre Eltern sind in Litauen in einem Massengrab verscharrt worden, sie hat zur Erinnerung eine Marmorplatte mit ihren Namen und einem Text anbringen lassen: »Der Himmel hat's gesehen, doch die Welt stellte sich blind.«

Die Tränen, die ich gestern nicht weinen konnte, sind jetzt endlich da. Ich versuche, sie vor Esther zu verbergen, und gleichzeitig nehme ich ihre Hand und sehe, dass auch sie in den Augenwinkeln ganz feucht ist.

Dann lachen wir gemeinsam, als sie im Film mit ihrer Band MicroMafia das Publikum in Begeisterungsstürme versetzt. Und als sie mit Konstantin Wecker in Hamburg auf einer Freilichtbühne eine Strophe aus seinem Lied »Ich sage Nein« singt, weine ich wieder, diesmal vor Berührung und Begeisterung. Bei ihrem eigenen Lieblingslied: »Wir werden leben und überleben, wir sind da«, summt Esther neben mir leise mit und sagt: »Das mögen die Leute besonders gern, da singen sie alle mit.«

Doch es ist nicht nur ihre eigene Geschichte, die mich tief berührt. Die anderen Überlebenden von Auschwitz, die wir im Film sehen, sprachen genau wie Esther. So sanft und gleichzeitig so entschlossen, so in die Zukunft gewandt, so dankbar für ihr Leben.

Es waren drei Frauen und ein Mann, deren Wege die Kamera zurück zu den Orten des Grauens und gleichzeitig nach vorne in ihr jetziges Leben begleitet hatte. Die Schönheit und Würde ihrer Gesichter werden mir für immer unvergesslich bleiben.

Dann sitze ich mit Esther an einem kleinen Tisch im Foyer des Kinos. Sie signiert ihr Buch, nimmt Blumen entgegen, lächelt milde über Menschen, die sich besonders hervortun. Dann zeigt sie auf das Cover, auf dem sie mit ihrer Ziehharmonika abgebildet ist, und beschwert sich.

»Findest du nicht auch, dass ich in der Realität besser aussehe, ich habe doch nicht so viele Falten«, und lacht so laut, dass alle hersehen. Dann ergänzt sie zufrieden: »Dafür sieht man meine Entschlossenheit, und das zählt viel mehr.«

Als wir uns verabschieden, schaut sie mir gerade in die Augen: »Komm bald wieder, und ich freue mich, wenn du in deinem Land von mir erzählst.«

Ich hole meinen Zettel heraus, auf dem ich die Schlusssätze der drei Frauen in dem Film sinngemäß aufgeschrieben habe und lese sie ihr vor.

»Ich wünsche mir, dass unsere Körper das noch aushalten, was wir im Kopf noch alles vorhaben …«

»In uns, die wir aus Auschwitz zurückgekommen sind, ist diese Kraft für ein gutes Leben ganz besonders stark.«

 »Dass wir überlebt haben, ist noch kein Verdienst. Was wir daraus machen, das ist das Interessante.«

»Das stimmt alles«, sagt Esther und lacht wieder dieses volle, frohe Lachen, das ich so an ihr liebe.

»Das kannst du den Frauen sagen, die sich vor dem Alter fürchten. Wir können immer aus allem etwas Wunderbares machen. Ich werde in diesem Jahr neunzig, und ich möchte noch viel älter werden, ich liebe mein Leben!«

Das Märchen vom Älterwerden

Es war einmal eine Insel. Und auf dieser Insel hatten die Frauen noch nie etwas davon gehört, dass es hässlich war, alt zu werden. Sie wussten nicht, dass es zu ihren Pflichten gehörte, ihre lange Lebenserfahrung in einem Körper zu verstecken, der sich krampfhaft bemühen sollte, so zu tun, als ob er noch jung wäre. Es war ihnen auch nicht klar, dass Älterwerden mit einem besonderen Benehmen einherging. Dass ein gesetzter Gang und eine bestimmte Kleidung dazu gehörten.

Und was die Frauen auch nicht wussten, war, dass ihr Wert ins Bodenlose gesunken war, weil sie aus der Produktionswerkstatt für Kinder entlassen waren.

Und weil die Frauen auf der Insel diese für sie vorgesehene Identität, die fast auf der ganzen Welt als normal galt, nicht kannten, wurden sie ganz unschuldig auf völlig andere Art und Weise alt.

Der Tag, an dem ihre Menstruation sich verabschiedete, war ein Feiertag, an dem sie vom ganzen Dorf geehrt wurden. Es bedeutete, dass sie von nun an dem Rat der weisen Frauen angehörten, weil sie auf andere Weise fruchtbar waren. Jetzt, wo sie nicht mehr davon abgelenkt waren, Leben zu schenken und zu erhalten, traten sie dem Club der Forscherinnen bei.

Das erste Forschungsprojekt, geleitet von den erfahrenen, alten weisen Frauen, diente dem Herausfinden, was ihnen wirklich Spaß machte. Und wie sie ihr eigenes Leben und damit das der Gemeinschaft noch froher, sinnvoller und achtsamer gestalten könnten. Die Handlungen, die aus diesen Forschungsprojekten entstanden, waren weise, kreativ und innovativ. Und jede Einzelne der Frauen brachte sich genau auf dem Gebiet ein, das sie besonders interessierte. Unabhängig davon, was es war.

Es gab keine Wertung. Der Wert entstand daraus, dass das, womit sie sich beschäftigten, ihnen Freude bereitete.

Die Frauen verstanden ihren Körper als Tempel für die Seele und pflegten ihn. Sie aßen Speisen, für die ihr Körper dankbar war, und bewegten sich gerne in der Natur.

Von der Natur hatten sie auch gelernt, dass es einen ewigen Zyklus gibt. Frühling, Sommer, Herbst und Winter. Der Herbst, wenn die Blätter von den Bäumen fielen und verwelkten, war genauso schön wie alle anderen Jahreszeiten. Und so sahen sie auch mit Gelassenheit ihren Körper älter werden. Im ewigen Zyklus des Lebens. Sie erfreuten sich ihrer Schönheit, die jetzt im Herbst ihres Lebens eine andere war als im Frühling oder im Sommer. Sie versuchten nicht, ihre wunderbaren Falten, Zeichen ihres erfahrenen Lebens, zu verbergen. Sie zeigten sie so wie ihre Weisheit, die ihnen durch ihr langes Leben zugewachsen war. Ihre Kleidung war bunt, wenn sie Lust auf Buntes hatten. Sie mussten niemanden fragen, ob das zu ihrem Alter passte, weil es diese Frage auf der Insel nicht gab.

Die Männer waren in ihr Leben einbezogen. Sie hatten nicht weniger und nicht mehr Bedeutung in der Gesellschaft. Man brauchte sie auch nicht, um sich vollständig zu fühlen. Jeder Mensch auf der Insel fühlte sich in seinem innersten Wesen vollständig.

An einem ganz besonderen Tag, an dem die Luft klar war und der Duft der Kräuter und Blumen die ganze Insel erfüllte, kam eine fremde Frau auf die Insel. Sie war nach einem Schiffsunglück nur noch in dürftige Fetzen gekleidet, und ihr rot gefärbtes Haar war verfilzt. Sie wurde von den Frauen der Insel in ihre Mitte aufgenommen, sie gaben ihr Kleider und Essen und waren erstaunt über die zurückhaltende Körpersprache der Schwester aus dem fernen Land.

Sie verstanden nicht, warum sie immer ihre Oberarme und ihren Hals bedecken wollte und warum sie an den praktischen, kurzen Röcken zerrte, um ihre Knie zu bedecken. Wenn ein Mann sich ihr näherte, dann wartete sie schüchtern auf sein Angebot, als ob sie es nicht wert war, ihre eigene Schönheit zu zeigen. Die Dinge, die ihr fremd waren, und das waren viele, lehnte sie in den ersten Monaten mit der Begründung ab: »Dafür bin ich zu alt« oder »Das lohnt sich nicht mehr für mich«.

Doch als ein Winter und ein neuer Frühling übers Land gezogen waren, gab es keine Fremde mehr auf der Insel. Elina, so hieß die Frau, hatte verlernt, sich für ihr Alter zu schämen, und kehrte, von guten Wünschen ihrer Schwestern begleitet, in ihre eigene Welt zurück. Als weise Alte.

Und als sie von dem Schiff, das zufällig zur passenden Zeit an der Insel angelegt hatte, noch einmal winkte, leuchtete ihr schlohweißes Haar in der Sonne, und ihr roter Rock wehte im Wind.

Danke

Die Begeisterung, die mir so viele Frauen entgegengebracht haben, hat mich durch dieses Buch getragen. Und dafür möchte ich allen danken!

Besonders jenen Frauen, die mir ihre Geschichte erzählt haben und sich mit mir auf die Reise gemacht haben, ihr eigenes Leben zu reflektieren.

Und dann gab es drei Frauen, die wie die weisen Feen im Märchen dieses Buch beschützt und mit Gold ausgestattet haben: Dagmar Olzog, mit der mich schon eine lange, hervorragende Zusammenarbeit verbindet, und Ulrike Reverey im Lektorat des Kösel-Verlags, die sich für die VertreterInnenkonferenz als »wilde, weise Alte« sogar in Pink gekleidet hat, um den hinreißenden Buchumschlag zu unterstützen. Ulrike Buergel-Goodwin, meine wunderbare Lektorin, war an meiner Seite und hat von Text zu Text mitgelesen und kommentiert.

Und dann sind da noch meine Freundinnen. Maria, »Taufpatin« dieses Buches, die jeden einzelnen Text liebevoll gedreht und gewendet hat, Sabine, Marietta, Michele, Niki und Rosina. Sie waren meine ersten Leserinnen und haben mir wertvolle Anregungen gegeben und mir den Rücken gestärkt. Ingrid hat mich durch ihre Begeisterung und ihre guten Ideen inspiriert.

Carl, meinem wunderbaren Lebensmenschen und Ehemann, danke ich für seine Geduld. Meine wilde, weise Alte hat in diesem Jahr meines Schreibens einige andere, etwas sanftere Teile von mir in den Hintergrund gedrängt. Die Gelassenheit, mit der er meine »Revoluzzerin« unterstützt und manchmal auch ertragen hat, ist wahre Liebe.

Meinen Kindern Anna und Antonio bin ich dankbar dafür, dass sie sich über ihre lebendige Mama freuen.

Und ich danke jetzt schon allen Frauen, die unserem Club der »BOWs« beitreten und die Kunde, wie wunderbar wir sind, in die Welt tragen werden.

Literaturhinweise

Zum Weiterlesen empfehle ich die folgenden Bücher. Außerdem lege ich Ihnen die Zeitschrift *Happinez* ans Herz.

Amon, Ingrid: Mein Essbuch. Vom Abnehmen und Schlankbleiben, Nymphenburger 2014

Bejarano, Esther: Erinnerungen. Vom Mädchenorchester in Ausschwitz zur Rap-Band gegen Rechts, LAIKA 2013

Brizendine, Louann: Das weibliche Gehirn. Warum Frauen anders sind als Männer, Goldmann 2008

Daimler, Renate: Lillys Weg, Ecowin 2013

Daimler, Renate: Verschwiegene Lust, Frauen über 60 erzählen von Liebe und Sexualität, Deutike (bestellbar: east@renatedaimler.com)

Fox, Sabrina: Body Blessing: Der liebevolle Weg zum eigenen Körper, Berlin 2014

Mika, Bascha: Mutprobe. Frauen und das höllische Spiel mit dem Älterwerden, C. Bertelsmann 2014

Skadé, Cambra Maria; Janascheck, Ulla: Göttinnenzyklus. Von weisen Frauen, ihren Künsten und Wirkstätten, Arun 2010

Toppelreiter, Oma: Mit 90 auf dem Jakobsweg. Wenn nicht jetzt, wann dann? Camino 2013

Wenn Sie sich von meinem Buch angesprochen fühlen, lade ich Sie herzlich zu meinen Frauenseminaren ein:

Königin im eigenen Land – wie ich lernte, mein Alter lustvoll zu leben

Körperseg(n)en – wie ich lernte meinen Körper zu lieben

The wild, wise woman theatre – wir spielen uns frei

Innana, der alte Frauenmythos – eine Reise in die Tiefe

Weitere Informationen und Anfragen unter
www.renatedaimler.com und east@renatedaimler.com